小 IP 定位

高价值私域流量的秘密

黑捕@著

電子工業出版社
Publishing House of Electronics Industry
北京 · BEIJING

内容简介

私域流量的本质，是指属于“你”的流量。私域流量不在于辐射面有多广，而在于有多少高价值的人信任“你”。流量和转化都是为“你”而来的。本书深刻地告诉我们，可能今天私域流量的主要载体是微信，但从长远看，私域流量的真正载体是“你”。而这一切的核心，就是做好“你”的小IP定位。

本书内容是作者深耕私域流量多年，深度帮助近千名私域流量主找到小IP定位的精华，并融合人性、社会学、心理学等知识，结合小IP定位实战经验，真正帮助你认知自己的优势，找到可以落地的定位，快速扩大影响力，引爆你的私域流量。

适用人群：私域社群主、公司创始人、社交电商从业者、电商运营、知识服务者、自由职业者。

图书在版编目（CIP）数据

小IP定位：高价值私域流量的秘密 / 黑捕著. — 北京：电子工业出版社，2020.5

ISBN 978-7-121-38988-7

Ⅰ. ①小…　Ⅱ. ①黑…　Ⅲ. ①网络营销　Ⅳ. ①F713.365.2

中国版本图书馆CIP数据核字（2020）第073322号

责任编辑：贺志洪
印　　刷：天津嘉恒印务有限公司
装　　订：天津嘉恒印务有限公司
出版发行：电子工业出版社
　　　　　北京市海淀区万寿路173信箱　邮编100036
开　　本：880×1230　1/32　印张：9.125　字数：202.3千字
版　　次：2020年5月第1版
印　　次：2020年6月第2次印刷
定　　价：49.00元

凡所购买电子工业出版社图书有缺损问题，请向购买书店调换。若书店售缺，请与本社发行部联系，联系及邮购电话：（010）88254888，88258888。

质量投诉请发邮件至 zlts@phei.com.cn，盗版侵权举报请发邮件至 dbqq@phei.com.cn。

本书咨询联系方式：（010）88254609 或 hzh@phei.com.cn。

序 言

我希望这是一本既能帮助你解决热点问题，又能被常常翻阅、久远流传的书。

我们总是用一些治标不治本的方法，在一波又一波的互联网热点中感到不知所措。“唯一不变的就是变化”，成为我们疲于奔命的安慰剂。自然也无法辨别快速迭代、新词频出的互联网概念，是新变革的开始，还是新瓶装旧酒的迷药？

长期的互联网沉淀，是鉴别互联网新概念是真趋势还是伪热点的唯一途径。只有把新概念放到互联网历史中去看待、去比较、去鉴别，你才能发现真正的规律。

就像我希望这本书不仅现在可以帮到你，还可以在将来给你以启发。这不是我随意许愿的空中楼阁，更是我多年教育经历和互联网创业的沉淀。从 2000 年用电话线“滴嘟滴嘟”拨号上网开始，到现在的5G时代，我历经中国互联网发展近20年。在这20年时间里，经历过数不尽的互联网应用和场景。看着如雨后春笋般的互联网概念，从信息高速公路、Web2.0、长尾理论、互联网思维、KOC、KOL到本书重点提及的私域流量。善于探索规律、捕捉本质的我，更乐于去发掘这些新概念背后那些若隐若现且有长期生命力的理论支撑。认知心理学、社会学、信息技术、经典营销理论，甚至更贴近人性的儿童发展理论，都是我深度研究的领域。

我运用新概念但不鼓吹它。如果盲目崇拜新概念，就会被新概念牵着走，这只会让你愈发焦虑。产生焦虑的原因是因为你仅仅看到新闻，了解表象，知道皮毛。在一次又一次的变化中，被一个又一个的概念弄得手足无措。在2015年，互联网思维这个概念盛行的时候，传统企业家们成为了最为焦虑的人群。他们到处找所谓的互联网人士交流和取经。当时我惊讶地发现，身边突然出现了好多传统企业董事长朋友，纷纷咨询我如何用互联网思维重塑他们企业。我告诉他们，其实这世上并没有什么互联网思维，商业终将回归本质：满足客户需求。无论他们相信与否，没多久，互联网思维就逐渐淡出了他们的视野。

而在“私域流量”这个概念里，我们更应该去捕捉相对不变的核心。当你链接一个又一个社群的时候，社群生态中每天成千上万条嘈杂信息里有熵的味道。熵代表系统的混乱程度。所以在私域流量里，熵代表着社群的嘈杂程度。在打造私域流量的这几年里，我的微信签名是"嘈杂社群里的一股清流"。因为当你每天接触成百上千个形形色色的社群时，你脑海中浮现的场景，犹如原始宇宙的原子在燃烧、裂变、爆炸。就像虽然身处炙热的烈日下或即将喷发的火山旁，你仍需要闭上眼，静静地思考："到底什么是不变的？唯一不变的，真的只是变化吗？"

那么打造私域流量时什么是不变的核心呢？我在与近千名私域流量优秀大咖们（在本书中称为"小 IP"）深度沟通后发现：虽然他们打造自己私域流量的方式各有千秋，但都有着一个共同点，就是**通过探索自我，发掘优势，找到了自己在私域流量里的定位**。就像我特别喜欢的一句话："打开宝藏的钥匙，就是宝藏”。对于私域流量这块宝藏来说，基于私域流量的定位，就是那把钥匙。而每个人的钥匙，都是独一无二的。你想开启私域流量的宝藏，就必须找到属于自己的钥匙。

当你打造私域流量感到困惑时、迷茫时，基于私域流量的定位就像是黑暗中的一束光，不仅给了你方向，更给了你希望。在你找到自己私域流量定位的那一瞬间，就像一阵轻风划过脸庞，让你感到从未有过的宁静和坚定。只要你围绕定位聚合能力，无论社群有多嘈杂，信息有多爆炸，你都会感受到“你”的存在，感受到“你”的影响力在不断提升，感受到“你”的私域流量在不断裂变。

在帮助私域流量大咖们寻找他们的定位时，这更像是一次奇妙的探险之旅。他们在问自己“我是谁？”探索自我的时候，容易会陷入极端，掉入认知陷阱。要么罗列出大量的“优势”，要么找不到一个优势。“我是谁”如此简单的问题，答案却是最难给出的。哪些优势是陷阱，是假象，哪些又是隐藏的引爆点，这是我们探险私域流量定位之旅的收获。

这也是“黑捕”名称的由来，黑捕寓意在黑暗中捕捉本质。帮助混沌状态的你，找到自己的定位，根据定位提炼出更优秀的“你”。让流量和转化都为“你”而来，这才是打造私域流量的内核驱动点，这才是让私域流量能裂变的引爆点。

或许你是因为“私域流量”的概念才打开这本书的，但我想告诉你更为重要的是，通过本书的引导可以帮助你提炼出私域流量的定位，不仅是打造适合自己的私域流量的方式方法，更是具有长期生命力的。**无论今后“私域流量”这个概念是否存在，微信是否存在，你在本书中的收获，将依然适用未来。因为你定义了自己的成功方式。**

本书也同样适用于企业打造私域流量。绝大多数企业打造私域流量的方式是错误的，他们的观念还停留在客户关系维护上，简单地认为让客服或者销售员工在微信平台上做好客户维护，就是打造私域流量。如果你是品牌的负责人或者操盘手，你更应该做的是，把自己看作是挖掘小 IP 的猎头。寻找“小 IP 员工”，让企业品牌定位和“小 IP 员工”定位保持统一，并重构企业环境和制度，打造出“小 IP 员工矩阵”。

借助本书的方法，可以有效帮助你挖掘更有深度的自己，提炼更优秀的自己，聚焦更核心的自己。生命有无数的可能性，优秀的“你”还在沉睡，为什么不去唤醒他呢?

目 录

第一章　机遇！这是提炼自我就有收入的时代

1.1　剥去“私域流量”的外壳　/ 2

1.2　个人 IP 往左，小 IP 往右　/ 15

1.3　闻圈识女人，机会只有三秒钟　/ 26

第二章　小 IP 定位，私域流量的内核

2.1　至关重要的小 IP 定位　/ 44

2.2　具有势能的小 IP 定位原则　/ 58

2.3　我是谁　/ 66

第三章　与众不同的小 IP 定位

3.1　三个闺蜜定位法　/ 76

3.2　成交倒推定位法　/ 87

3.3　职业技能定位法　/ 97

3.4　兴趣爱好定位法　/ 113

3.5　“第一”定位法　/ 126

3.6　领袖定位法　/ 138

3.7　星座特质定位法　/ 148

第四章　强化你的小 IP 定位

4.1　名字是你召唤粉丝的咒语　/ 168

4.2　符合定位的场景式头像　/ 178

4.3　头衔：定位的权威展现　/ 187

4.4　高价值私域社群的定位　/ 199

4.5　定位验证：具有穿透力的小 IP 海报　/ 211

第五章 阶段性升级你的定位

5.1 升级定位的重要性 / 218

5.2 三步升级你的小 IP 定位 / 228

5.3 全面升级：小 IP 定位矩阵 / 243

5.4 延伸到公域流量的小 IP 定位 / 253

5.5 企业化视野：小 IP 员工矩阵 / 268

第一章　机遇！
这是提炼自我就有收入的时代

1.1　剥去“私域流量”的外壳

剥去“私域流量”的外壳

7 月杭州的天气尤为炎热。我行走在路上，感觉像行走在铁板烧上，似乎都可以闻到鞋底橡胶的糊味。路过一家水果店，一股浓郁的菠萝蜜味道吸引住了我。一盒盒剥开的金灿灿的闪着亮光的菠萝蜜，和旁边一地的青绿色带刺外壳形成了对比。正当我准备买一盒时，旁边的一位大约 20 来岁的扎着马尾的女生说话了：“老板，你这菠萝蜜要四十五一斤啊？”“是的，海南运来的，特别好吃。”“我就是海南的，后天就回去了。这在我们那就十多块一斤。”“杭州现在就这样的行情，我们赚得也不多。”

大概是嫌贵，这女生看了看就走了。我想了想，放下手中的菠萝蜜，上去跟她说：“要不我加你个微信吧，你后天到海南，如果菠萝蜜价格真的合适，可以快递一些给我，我身边很多朋友都喜欢吃。”

就这样，我们成了微信好友。大约 5 天后，她发了三箱菠萝蜜过来，折算价格 30 元一斤，吃着确实不错，似乎都有三亚阳光的味道。又过了 5 天，她拉了一个 100 多人的微信群，群名称叫“海南水果阳光味”。从此，喜欢吃热带水果的我，仿佛找到了一个根据地。朋友圈会看到她发的新鲜的海南水果，偶尔也在她的水果群里随意聊聊话题。

因为信任一位微信好友，购买他推荐的产品，你是不是很熟悉这样的场景？其实，这就是私域流量的主要场景。而目前私域流量的主要场景，主要集中在微信上。每天有 10 亿人使用微信，在中国几乎人人都有自己的微信。**这就意味着人人都有私域流量**。哪怕你只有 50 个微信好友和一个 10 人的小群，这也属于你的私域流量。

由于微信已经渗透到我们生活的方方面面，有意无意，你对私域流量的场景已经非常熟悉。本书把私域流量的场景放在微信上，那私域流量的定义就是：**私域流量，指你的行为仅影响你的微信粉丝好友和你建立的微信社群**。私域指的是你自己的领域不受外围干扰。你可以反复影响他们，并没有产生额外的营销费用。为了延展性需要，我把微信好友和微信群友，统称为粉丝好友。

你粉丝好友的朋友圈可以看到两类信息：一类是你发布的朋友圈内容。你自己朋友圈可以影响到的粉丝好友，他们就是你的私域流量。你每次发朋友圈影响粉丝好友的成本基本为零。另一类是微信官方的朋友圈广告。广告主们通过“广点通”投放微信朋友圈广告获得用户。对广告主们来说，投放广告影响到的就是公域流量。他们每次通过广点通投放的朋友圈广告，都是需要支付推广费用的。这就是私域流量和公域流量的区别。

“私域流量”概念就像上面说的菠萝蜜一样，只有把让人困惑的外壳剥去后，你才发现原来能吃的果肉是如此香甜。那么剥去私域流量的外壳，私域流量最核心的部分到底是什么呢?

一道公式解密私域流量的核心

做好私域流量，这是至关重要的一道公式：

> 私域流量转化效果＝粉丝好友数 × 非屏蔽率 × 刷到率 × 转化率

我们来详细看看如何提升每一项，从而做好私域流量的转化效果。

关于好友数的误区

2019 年 5 月，我到了有中国凉都之称的六盘水，参加一次私域流量主题的线下沙龙活动。夜色已晚，主办方请我们吃当地特色烙锅，类似就是一圈人围着一个倒置的铁锅，把食物放在上面烙熟，然后配上酱料，吃起来特别香。

在吃饭的过程中，我发现旁边的这位主办方朋友，放在桌上的手机屏幕，一直是亮着的。我看了一眼发现，他似乎在用某个软件在加微信好友。我问了问他："你是用软件在加微信好友吗？""嗯，该软件自动会加附近的人为好友，所以我每到一个地方吃饭，我就会打开这个软件来加好友。""不会被封吗？""目前暂时不会。"

追求微信好友数，盲目添加好友，是打造私域流量的误区。盲目添加微信好友，这是典型的传统互联网流量思维：利用各种手段获得更多的流量，让自己的转发素材有更多曝光机会。错误地把微信好友与粉丝好友画上等号，以为微信好友基数越大，转化效果就会越好。

实际上，私域流量重点在于流量的质量，而不完全依赖于数量。那什么是优质的流量呢？你的粉丝好友越信任你，你的私域流量质量就越高。这样的粉丝好友越多，你的私域流量质量就越高。而粉丝好友，是指对你有一定了解和信任的微信好友，而不是那种不知为何添加上，毫无接触的微信好友。**从陌生的微信好友变为粉丝好友，其原因在于对你的信任。**

不为人知的屏蔽率

你是不是碰到过这样一种情况，当你兴冲冲地打开一位微信好友发送给你的微信消息时，失望地发现里面的内容是软件群发的删除检测。微信好友删除率，是我们可以检测到的。但如果说，你的微信好友虽然没有把你删除，但屏蔽了你的朋友圈，这就无法检测了。我曾经遇到过一位私域流量大咖图图，她用软件检测是否有人删除她，结果在 5000 人里面，只有 121 人删除了她。但她近期发现，自己发朋友圈的效果越来越差。点赞的好友都屈指可数，评论互动也是寥寥无几，更不必说销售转化了。其原因最大的可能就是，她的微信好友中很多人都屏蔽她的朋友圈了。最让人难受的是朋友圈被屏蔽，你根本无法检测。

假设你有 50 个微信好友，结果 50 人都屏蔽了你，那你的屏蔽率就是 100%，非屏蔽率就是 0%。根据公式，你的私域流量转化效果就是 0%。那么无论你再怎么努力，都不会有任何效果。

那如何可以提供自己的非屏蔽率呢？其方法是，你发布的内容要真实有用，让粉丝好友更信任你。只有你的粉丝好友们对你发布的内容感兴趣，对你发布的信息带有确定感和信任度，那么他们就不会屏蔽你。**所以提升非屏蔽率的关键，同样在于粉丝对你的信任。**

随机的刷到率和特意的查看率

刷到率的提升与无意刷到都和特意查看有关。你在晚上 6 点发布了一条朋友圈动态，你的粉丝好友正好饭后闲来无事，刷刷朋友圈的时候刷到了你的信息，这就属于无意刷到。而有一些对你特别关注的粉丝好友，时常会想起你，点开你的微信头像，进入你的朋友圈，一条条阅读下去，这就属于特意查看。

很明显，为了增加无意刷到率，你更应该关注发朋友圈的时间和频次，这需要你了解你的粉丝好友们的主要作息规律。为了增加特意查看率，你需要让粉丝好友信任你，关注你。只有你的粉丝好友对你充分信任，他才想要经常了解你的动态。当他空下来的时候，就会想起你，点你的朋友圈看看：你今天又做了什么，又发布了什么。因此，我们就是要利用随意刷到，不断增强我们在粉丝好友心中的信任感，让他们养成定期特意查看我们朋友圈的习惯。**所以提升刷到率，仍然在于粉丝对你的信任。**

对结果负责的转化率

我们打造私域流量的目的，无论是销售商品，还是分享知识，都是为了销售转换。那么私域流量的转化率，是由什么来决定的呢？

我有几位在阿里巴巴集团工作的朋友，岗位各不相同，但他们有一个共同点，就是喜欢在发表自己观点的时候加上一句话："我们马总说过……"来增强自己观点的可信度。这就像你经常在文章里看到的，作者总是会引用名人说的一些话来强化自己的观点。其实这就是借助名人的影响力，来提升自己的可信度。在潜意识里，我们知道，影响力越大，信任度越高，人们就越容易听从我们的建议，转化率就越高。

所以，同样一句话，同样一件商品，不同可信度的人推荐，效果会完全不同。你一定喝过红酒，各种红酒的口感千差万别，原产地也层出不穷。那我们是如何购买红酒的呢？一般有两种选择：一是选择名人代言的。你去淘宝搜索红酒，会发现搜索结果真的让你无法挑选。你也不好判断商品评论的真假虚实。在列表里，你突然看到了一家店铺——赵薇梦隆酒庄旗舰店。点进去一看，产品图放了赵薇的头像，心里产生的想法就是"赵薇也喝的红酒，一定不会太差"。我们觉得明星一定是懂酒的，会品酒的，最起码不会卖劣质酒。因为对赵薇的信任，我们会选择在赵薇的这家旗舰店购买红酒。

另一种选择，就是咨询你觉得比较懂红酒的朋友，会问问他，平时喝什么品牌的酒，是通过哪里买的，介绍一下。因为我们相信，比我们懂红酒的人，推荐的红酒应该还不错。他们平时买酒的渠道，也不会太贵。我们咨询懂红酒的朋友，就是出于对他在红酒品类上的信任。**所以提高转化率，还是在于信任。**

我们现在再回头看看私域流量转化效果公式，**你会发现粉丝好友数、非屏蔽率、刷到率和转化率都指向了同一个词，那就是“信任”**。

因此，剥去“私域流量”的外壳，你看到了“信任”。

信任意味着你能为你的粉丝好友带来价值。到这里，聪明的你有没有发现，从一开始我就没有鼓吹私域流量可以给你带来什么好处。这似乎有悖常理：我不是应该大力鼓吹私域流量会给你带来极大的好处及利益，从而调动起你继续阅读的兴趣吗？这是因为，如果你在考虑是否应该打造私域流量时，先考虑自己的利益，你就会歪曲甚至忽略你给粉丝好友带来的价值。所以你考虑的首要问题一定是：“为什么我对粉丝好友是有价值的？”

对粉丝好友而言，你打造私域流量能输出两个普遍价值。

价值一：粉丝好友需要你帮助过滤信息

作为第一代互联网原住民，我历经互联网近 20 年。互联网伊始是信息极度匮乏的时代，搜索引擎解决的就是信息聚合和分类的工作。在国内，Google 是百度的主要竞争者。百度为什么可以战胜 Google？因为百度适应了国情，做了 Google 没有做的一件事，就是自建内容资源。百度开发了百度贴吧和百度知道。百度贴吧上线的时间是 2003 年，那时整个中国互联网上的内容都不多。且不论 Google 和百度谁的搜索算法更好，即使 Google 抓遍了国内的网站，也没有足够优质的内容资源。当时的中国互联网搜索引擎的竞争，还是资源内容的竞争。Google 或许没有意识到这一点，或许为了保持中立搜索的价值观，一直没有自建内容，所以在互联网早期和百度的优质内容之争中，处于下风。

而在信息大爆炸的移动互联网时代，我们似乎也看到了百度的问题。我们想要搜索信息时，可以通过微信搜索，可以通过今日头条搜索，可以通过微博搜索，甚至可以通过抖音搜索，等等。这些大平台，基本都满足了我们对搜索的需求。在及时性和丰富度上，百度搜索反而失去了优势。现在百度仍想通过大量的自建内容来弥补不足，却发现信息过剩，自建内容淹没在海量的互联网信息之中。

我们每天被海量正面、负面的信息所冲击。大量所谓精准推送的信息，时刻冲击着粉丝好友的情绪，让他们茫然无措。人类的心智厌恶混乱。在如此嘈杂的信息爆炸环境里，你的粉丝好友急需值得信任的人，帮助他辨别信息，指引方向，减少心智的混乱，从而让自己生活得更轻松。这是我们都喜欢种草和被种草的真正心理需求。在信息爆炸时代，每一件商品都存在大量的信息来说明（或证明）它是最优质的商品。所以，粉丝好友需要"你"来帮助他做决策，减少因选择困难造成的心智焦虑。

粉丝好友需要你帮助过滤信息另一个有趣的原因是，刚需消费减少了，感性购买增强了。随着经济的高速发展，我们物质生活变得越来越富足，该有的似乎都有了。我们的购物刚需变得越来越少，主动搜索并购买自己所需商品的场景也越来越少。而更多的场景在于无意中被种草而产生的消费行为。马云近期在一次会议上说："每天晚上有1700万人在淘宝上闲逛，就是不买东西，我也不知道他们在干嘛！"这也证明了人们目前的消费状态。而感性购买，就需要值得信任的人来筛选和引领。

价值二：你可以帮助粉丝好友获得新的收入

在私域流量里，目前最活跃的人群是宝妈群体。无论是为家庭牺牲事业的全职宝妈，还是白天忙碌工作、晚上疲于带娃的职业女性，在夜深人静时常常担心，自己是否会被社会所淘汰，没有空闲时间，没有安全感，没有成就感。

珊珊是我认识的一位“90后”宝妈。身高165cm，面容姣好，在大学时读的是设计专业，算得上班花，校园爱情上一帆风顺。作为一名“毕婚族”，她过了两年衣食无忧的生活。可人生总会碰到挫折。她生了儿子后对自己未来突然感到迷茫，焦虑不安。再加上丈夫事业受挫，她急需一份能在家带着孩子也有一定收入的工作，来帮助家庭和自己走出困境。

我知道珊珊是一位懂生活的女性，再加上大学专业素养，朋友圈的内容算得上是有格调的。我就介绍了一位私域流量大咖陈米米给她认识，希望可以帮助珊珊做好私域流量，获得收入。因为像珊珊这样的人群，她们不知道的是，她们的分享是能产生商业价值的。只要稍加提炼，把商业信息和分享能力相结合，就可以获得分享收入。

第二天，珊珊就兴冲冲地给我打了个电话：“黑捕，陈米米真的太优秀了，我只用了她教我的一个方法，我昨天就赚了300元！”我很开心她找到了自我价值，获得了新的收入。虽然在以前，这300元对她而言就是一顿饭钱，但现在却是具有非凡意义的。这是她信心的来源，人生的起点，家庭的支柱。

那么打造私域流量，给珊珊带来价值的陈米米，真的有那么厉害吗？其实不然。她只是顺应了时代的潮流而已。以前，我们要帮助一位待业宝妈增加新收入，是非常困难的。这和能力无关，这与时代有关。

这是一个提炼自我就有收入的时代。

互联网加速了产业变革，这种快速产业变革让老板们焦虑不已。这种焦虑，也很容易传递到职员身上。这种职场安全感的缺失，会让人担忧随时可能失去工作和收入。越来越多的人，希望通过微信分享来增加一份收入，不仅仅是为了避免经济上的不确定性，更是为了自我成长，给未来的自己一次机会。有数据显示，2019 年社交电商行业的分享者人数有 4801 万，同比增长了 58%，哪怕每人只影响 20 人，也能影响几乎全部网民。

私域流量是互联网个体经济崛起的必然历程。业内人士认为，私域流量是去中心化的。我觉得更合适的称呼应该为“私域流量是节点化的”。每一个提炼自我的优秀个体，就是整个私域电商网络中星罗棋布的节点。你提炼出来的自我影响力越大，你的私域流量就越大，你代表的节点也就越大，你的收入就越多。

剥去“私域流量”的外壳，从外而内，第一层，我们看到了“信任”；第二层，我们看到了“输出价值”；第三层，我们看到了“提炼自我”。只有提炼自我，才能持续输出价值，从而充分赢得粉丝好友的信任，提升你的影响力，成功打造私域流量。如果你现在发出了一声：“噢，原来是这样的！”，恭喜你，你已经推开私域流量的大门了。

1.2　个人 IP 往左，小 IP 往右

我们知道，只有提炼自我，才能持续输出价值，从而充分赢得粉丝好友的信任，提升你的影响力，成功打造私域流量。你可能联想到了“个人 IP”这个词，摇了摇头说：“知易行难，个人 IP 打造起来遥不可及，我太难了！”

猫小婧就是一听“个人 IP”就犯怵的代表。当“个人 IP”这个词火遍大江南北的时候，她曾信心满满地觉得自己可以打造个人 IP，迎接人生巅峰。那些知名的个人 IP 如吴晓波、罗振宇、董明珠、Papi 酱、张大奕的成名史，总是让她激动不已。层出不穷的书籍与课程上罗列的打造个人 IP 的那些七大方法、八大工具，看似很有道理，一到操作层面，却无从下手。她问我说：“为什么我学了这么多关于如何打造个人 IP 的课程，怎么一点效果都没有呢？是不是我太笨了？”

猫小婧的这种自我怀疑，让我觉得有必要帮助大家探明原因，恢复自信。因为个人 IP 难以打造并不是你自身的问题，而是这个概念本身就有着强烈的误导作用。

“个人 IP”向左，“小 IP”向右

个人是无法打造“个人 IP”的。你所熟知的那些所谓的个人 IP 的案例，除了昙花一现的运气事件，基本是由团队聚集公司资源来打造的。“个人 IP”是公司品牌转移到个人品牌的产物，是聚集公司资源推出的一个“人”。

李佳琦是个人 IP 的典型代表。有着“口红一哥”之称的李佳琦，是涂口红世界纪录保持者。据说他直播 15 分钟就卖掉了 15000 支口红；在 2019 年淘宝“6・18”活动上，3 分钟卖出 5000 单护肤品，销售额超 600 万元；在 2019 年“双 11”凌晨一点，他直播间就有超过 3500 万人在线。在如此辉煌的影响力背后，据说目前签约公司为他服务的团队成员已超过 300 人。

直播镜头的后面，李佳琦直播间的工作人员包括场控、客服、商务经理、商品管理、直播运营、淘宝和抖音流量专员，等等，还有背后那些支撑团队：商品初选团队、品控质检团队、试吃试用团队、商务合作团队、媒体关系团队，等等。

其中，商品团队除了做好品控，更重要的是要商谈商品的销售价格和佣金。价格既要让粉丝觉得实惠，还要让公司团队获得回报，同时还要让商家有利润空间。这些都十分考验他们的专业能力。数据分析团队实时解读直播间里产生的每一项数据，据此

来调整直播节奏、上款速度、优化商品销售。短视频团队在直播结束后需要快速行动，把直播中有趣的内容编辑成短视频，配上字幕，在各大短视频平台发布。运营团队要根据粉丝反馈来制定运营策略，与其他明星联动，快速提升影响力。

如此强大的资源，聚集到一个人身上，全国才出现这么一个李佳琦。而由专业团队打造个人 IP，是行业内的普通做法。我的朋友张帅，网红猫创始人，旗下签约的呗呗兔是美妆类带货达人。目前（2020 年 2 月）在抖音上粉丝数已超千万，一次直播有 200 万元的收入。他告诉我说，虽然没有李佳琦那么庞大的团队，呗呗兔背后也有近 40 人的专业团队为其服务。其中包括专业的运营人员、策划经理、设计师、客服，等等。

由此可见，以目前市面上的打造个人 IP 的方式和方法，对你提升自己影响力来说，无异于杯水车薪，南辕北辙。虽然他们的成功我们都在传颂，但个人不能复制。因为你没有足够的资源，去引爆你的“个人 IP”。甚至在初期对你造成了误导，使你以这些超级个人 IP 作为对标，让你的定位出现偏差，误入歧途。

个人 IP 是典型的公域流量思维。在公域流量里打拼，没有团队支撑，成功概率就像徒步穿越沙漠一样的渺茫。私域流量的主流人群，往往真的只是普普通通的一个人，可能是普通的全职宝妈，可能是兼职的行政人员，也可能是普通的临街店主。他们只能依靠个人能力和个人资源去打造 IP。对私域流量里的这些活跃人群，我称为“小 IP”。

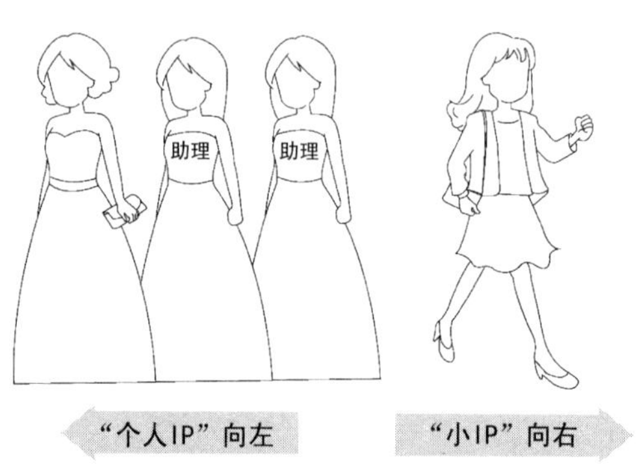

> **小 IP** 是指以个人能力为向导，通过展现生活中的细节，持续提升自己在朋友及粉丝圈子中的影响力。

小 IP 的四大特征

围绕小 IP 的概念，我们深度了解下小 IP 的四大特征，来理解为什么打造基于私域流量的小 IP 是完全可行的。

小 IP 的四大特征

特征一：个人能力能实现

“个人 IP”里的“个人”，指的是通过团队资源，把影响力集中在“一个人”身上去放大。而小 IP 的重点在于个人能力的实现。这是打造私域流量的重要特征。

私域流量里，绝大多数小 IP 都是普普通通的女性。小 IP 们擅长的是对生活的感知，也擅长在微信上完美地展现自己的生活态度。或许没有团队，或许能力有限，或许资源不多，但一定是在展现最真实的自己。这种真实有着天然的信任感。我们会觉得小 IP 们就像自己的好朋友，但又喜欢去关注她们的生活。

展现真实的自己，凭借个人能力是完全可以实现的。就像我们的自拍照，可能会曝光不足，可能会构图失衡，可能缺少主题，不过朋友们更愿意看到这样的我们。假如你在朋友圈中发的照片，都是你聘请的摄影师拍的专业照，虽然会有“大片”的感觉，但同时也让粉丝产生了距离感。试想一下，如果你在自己朋友圈里的照片，全是特定的场景，专业的摄影，那你的粉丝好友为什么要关注你呢？去微博上看看明星的照片不是更好吗？

基于私域流量的直播越来越火，也是这个道理。我们没有优秀的策划团队，只能绞尽脑汁自己打磨直播稿；我们没有专业的直播助理，遇到突发情况，只能与粉丝好友说声抱歉自己处理；我们没有试吃试用的伙伴，哪怕吃得太撑，用得过量还要继续。但是真实，这恰恰就是我们私域流量里的粉丝好友期望在直播里看到的。

个人能力的实现，从经济角度考虑，就是投入产出比的问题。团队意味着成本，这就需要你有高收入才能支付团队开支。初期又哪来的高收入支付团队费用呢？而私域流量的优势，就在于可以凭借个人能力，利用好微信工具，先获得一些收入，再持续扩大自己的私域流量。也就是先获得收入回报，而不是先投入资金。

特征二：生活化真实的自己

生活化代表着小 IP 们需要展现真实的自己。小 IP 们提升自己影响力的内容来源，主要来自平常生活。她们通过展现自己生活中的点点滴滴，来体现自己的影响力。可以是记录了给孩子做的一顿饭，也可以是在疫情面前的一次温情，还可以是最近阅读的一本书。这种真实的生活状态，才是粉丝好友真正乐于看到的。

小 IP 们的粉丝好友是细腻的，他们可以非常敏感地感受到是否是你本人。我咨询过几个非常优秀的小 IP，我的问题是："你们的微信好友数已经这么庞大了，都是你们亲自交流，就没有想过请助理来帮助你们吗？"得到的反馈是，他们尝试用过小助理，帮助管理自己的私域流量。他们惊奇地发现，虽然让小助理转发同样的内容，但是最终转化效果和本人打理的截然不同。小助理终归不是本人，粉丝好友——这个敏感的群体，真的是可以隔着屏幕感受到的。

这个现象，其实也揭示了绝大多数企业打造私域流量不成功的原因。一个部门经理，一声令下，让下面的客服或者销售，去管理几十个微信号。可想而知，这微信号展现的都不是真实的本人。企业客户是可以敏锐地感觉到的，对客户而言，这无非是一个客服的窗口而已，根本不可能成为粉丝好友。

更有意思的是，有别于传统微商的“喜提豪车”的浮夸表现，有些小 IP，哪怕有着优越的生活环境，如喜欢马术、游艇、全球旅游，甚至在法国有着自己合作的葡萄酒酒庄。但在展现上，她们反而不会太高调地频繁体现。她们知道，作为小 IP 的生活化场景，不仅是真实的，而且不能过度渲染，否则粉丝好友就会觉得彼此距离太远，避而远之。

特征三：获得收入可变现

在你的微信好友中，一定有些朋友，他们的朋友圈文风幽默，照片养眼，生活态度极具正能量。平时他们发个朋友圈，点赞评论特别多。不过她们并不符合小 IP 的特征，因为小 IP 是可以持续获得收入的，用行业里的话来说，就是可变现。

我们打造小 IP 的目的，除了获得个人成就感，更重要的是可以获得收入。这是个人影响力和商业的结合。这种商业和生活的平衡，比打造一个有趣的微信好友更有挑战。“你发圈有赞，我发圈有钱”。这句在私域流量圈里特别盛行的话完美诠释着二者的区别。

这是商业思维的体现，同时也对你发布的内容提出了更高的要求。如果我们仅仅关注自我的成长，随性地展示内容，那其实也没有必要打造 IP 了。我们提升影响力的同时，一定要考虑如何让我们的影响力是可变现的。

特征四：依附于平台

如若你成为小 IP 打造私域流量，微信是承载你私域流量的工具，而你选择的私域电商平台或品牌，就是让你小 IP 生根发芽的土壤。你每天分享的产品或服务素材都来自平台或品牌，只有你的定位和品牌的人群定位相互一致，才能达到最佳效果。

举个极端的例子，假设你的微信好友，全是保时捷法拉利的车主，而你分享那些山寨品牌的商品，就无法打动对方，更不用说对方会成为你的粉丝好友了。再进一步，如果你分享的商品品质不佳，别说打造小 IP 了，不被拉黑就不错了。所以你不是要去找一个看似可以给你赚钱的平台，消耗你的人脉，而是要去找一个可以提升你影响力的平台。选择领域内格调高的私域电商平台，这是对你提升影响力的深层次因素。

一般来说，小 IP 中有部分与商品相关的素材内容，来自私域电商官方平台和其他社群。平台官方素材，主要是由平台方或者品牌方专业的市场部门输出的，最常见的就是商品海报和活动海报。优秀的私域电商平台推出的官方素材，无论是场景的选择，文字的拟定，图片的展现，哪怕你只是简单地转发，都能体现你的格调。并且，正所谓“物以类聚，人以群分”，一个优秀的私域电商平台或者品牌，吸引来的小 IP 们，能力也是非常强的，他们同样能产生优质的素材，而且加上自用的感受，效果会更好。你还可以通过学习他们的素材，快速成长，提升自己。

而万一你选择了一个相对较差的平台，你每次转发素材，都是在消耗你的微信好友资源。想象一下这样的画面：你每天转发的劣质海报在你的朋友圈呐喊：“快来看呐！快来看呐！”，微信好友们摇摇头就会拉黑或者屏蔽你了。

顺便提一句，从产品素材的多样性角度分析，平台化的多品牌私域电商供应链，比单一品牌会更有优势。因为产品种类繁多，映射到私域流量上，就是你每天能发布的产品素材就多。每一个产品又代表着一种生活场景，你的选择空间会更广。

私域流量，让小 IP 的影响力迅速扩大

只有商业环境的闭环，才会出现良性的生态。倘若没有现在丰富的私域流量环境，小 IP 们可能就无法如此蓬勃的发展，私域流量概念可能也很难火起来。

随着越来越多的企业认识到私域流量的价值，改变以往错误的做法，小 IP 们的发展空间会变得越来越广。在不久的将来，私域流量的概念或将消失，但通过私域流量蓬勃发展的小 IP 们，非但不会消失，更会通过现阶段的快速成长，精通私域流量之道，精通私域社群之道，精通小 IP 打造之道，成为未来整个商业生态中的重要角色。

1.3　闺圈识女人，机会只有三秒钟

提炼自我，让你的第一印象更鲜明

为了扩大私域流量，你和好朋友小亮同时进了一个微信新群。你们各自在群里打招呼寒暄之后，群友们似乎对你朋友小亮更感兴趣，虽然她话不多，但是群友们纷纷主动加她，很快就融合在一起，打成一片。她的粉丝好友数增加得非常快。而你却止步不前，哪怕主动去加人，通过率都极低。这是为什么呢?

有些时候，我们会收到群公告，你可以邀约符合条件的微信好友进群。不过，群主会做审核，根据情况确定是否会通过。有意思的是，虽然你和好友小亮与群主都不熟悉，但她拉朋友进群，群主都通过了，而你拉了好多个朋友进群，群主都没有通过。这又是为什么呢?

如果你常常遇见这样的情况，那就证明你的第一印象出了问题。我们再来看看著名的洛钦斯实验，来说明第一印象有多重要。

美国社会心理学家洛钦斯（A. S. Lochins）在 1957 年用一个

实验，证明了第一印象的重要性。他编写了两个情景作为实验材料。

这两个情景，描写的是一个叫吉姆的学生生活片段。一个情景中把吉姆描写成一个热情并且外向的人；而另一个情景则把吉姆描写成了一个冷淡而内向的人。

第一个描述吉姆热情外向的情景："吉姆出门去买文具，他和两个朋友一起走在充满阳光的马路上，一边走一边晒太阳。吉姆进了一家文具店，发现店里挤满了人，他一边等待着店员的招呼，一边和朋友在聊天。随后他买好文具在向外走的途中遇到了朋友，吉姆停下来向朋友打招呼，然后告别朋友，走向学校。在去学校的路上，他巧遇了前天晚上刚认识的女孩子，他们说了几句话后就分手告别了。"

第二个描述吉姆冷淡内向的情景："放学后，吉姆独自离开教室走出校门，回家路上的阳光非常耀眼，吉姆就走在马路阴凉的一边。他看见路上迎面而来的是前天晚上遇到过的那个漂亮的女孩。吉姆穿过马路进了一家饮食店，店里挤满了学生，他注意到那儿有几张熟悉的面孔。吉姆安静地等待着，直到引起柜台服务员的注意之后才买了饮料，然后他坐在一张靠墙边的椅子上喝着饮料。喝完之后他就回家去了。"

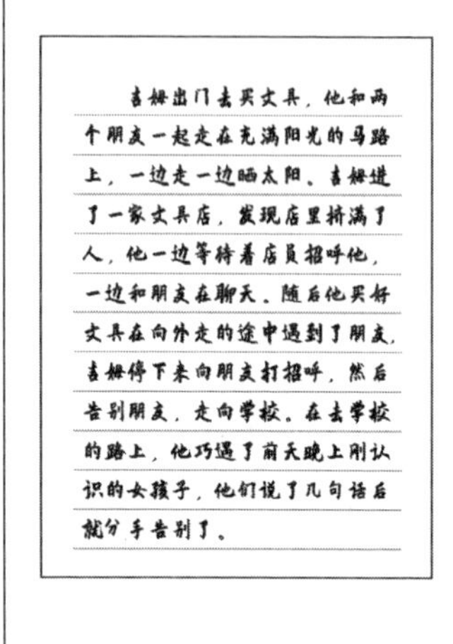

吉姆出门去买文具，他和两个朋友一起走在充满阳光的马路上，一边走一边晒太阳。吉姆进了一家文具店，发现店里挤满了人，他一边等待着店员招呼他，一边和朋友在聊天。随后他买好文具在向外走的途中遇到了朋友，吉姆停下来向朋友打招呼，然后告别朋友，走向学校。在去学校的路上，他巧遇了前天晚上刚认识的女孩子，他们说了几句话后就分手告别了。

卡片一

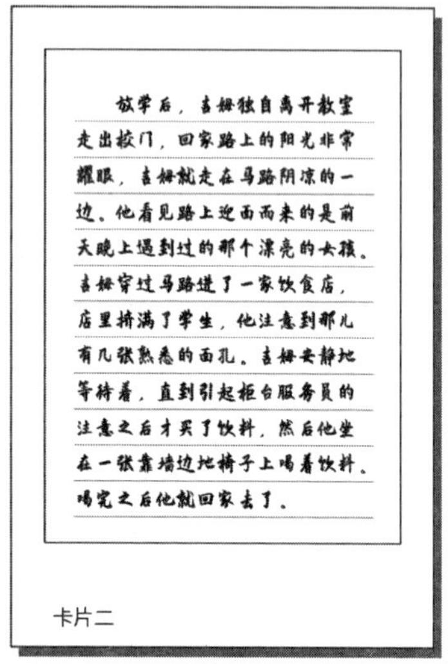

放学后，吉姆独自离开教室走出校门，回家路上的阳光非常耀眼，吉姆就走在马路阴凉的一边。他看见路上迎面而来的是前天晚上遇到过的那个漂亮的女孩。吉姆穿过马路进了一家饮食店，店里挤满了学生，他注意到那儿有几张熟悉的面孔。吉姆安静地等待着，直到引起柜台服务员的注意之后才买了饮料，然后他坐在一张靠墙边地椅子上喝着饮料。喝完之后他就回家去了。

卡片二

洛钦斯把这两个场景进行了排列组合。

第一组：将描述吉姆性格热情外向的材料放在前面，描写他性格内向的材料放在后面。

第二组：将描述吉姆性格冷淡内向的材料放在前面，描写他性格外向的材料放在后面。

洛钦斯让水平相当的中学生对材料分组阅读，并让他们对吉姆的性格进行评价。实验结果表明：第一组有 78% 的人认为吉姆是个比较热情而外向的人；第二组只有 18% 的人认为吉姆是个外向的人。

就像成语“先入为主”，虽然第一印象并非总是正确的，但却是最鲜明、最牢固的，并且决定双方以后交往的进程。

更麻烦的是，人们会根据第一印象来解释新信息。大脑会根据第一印象来决策新的信息。这是由大脑的机能决定的：大脑占体重的 2%，却消耗总能量的 20%。在古代，人类缺乏食物补充能量，需要经常降低能量消耗以维持到下一次补充能量。而大脑耗能极大，出于本能，大脑会自动优化效能，并尽可能把主要的能量都用在关键地方。大脑在运转的时候就会有意无意地偷懒，寻找省力的窍门。而依赖第一印象，快速匹配，就是大脑重要的省力方式。

而在移动互联网的社交时代，第一印象常常是通过微信获得的。对于我们的粉丝好友而言，内心的念头就是："一看你微信，我就知道你是什么人"。

这有点像过滤器的工作原理，粉丝好友通过微信的第一印象这个过滤器来看你，再探寻与第一印象相符的信息，并不断强化，并会忽略与第一印象相悖的信息。

营造符合定位的微信第一印象，对打造私域流量的小 IP 们来说，是提升自己影响力的加速器。虽然这样的相遇和留下的印象似乎转瞬即逝，机会可能只有三秒钟，但它们却常常对我们的社交有着深远的影响。这就好比在一张白纸上，第一笔抹上的色彩总是十分清晰和深刻的，往往起到快速拉近距离，事半功倍的作用。

可能有人会说："我只想做我自己，不想为别人去改变自己。"我相信你的内心也会有这个声音。不过，我们打造自己给人留下的第一印象，重要原因就是你的第一印象或许并没有准确地反映"你是谁"，没有反映出真正的"你"。就像当你表现出不善言谈时，有人认为你腼腆，也会有人会认为你冷漠无情。我们打造自己微信的第一印象，不是为了改变自己，而是让我们的微信第一印象准确地反映出"我是谁"。通过提炼自己的优点，快速树立在好友们眼中真实的你的良好形象，让人一见倾心，过目不忘。

并且，哪怕是再自信的人，与陌生人接触时，也会产生紧张的情绪。这来源于我们内心的不确定，我们不确定自己是否讨人喜欢，是否会被人接纳。如果你清楚自己的微信第一印象，你在和微信陌生好友初步接触的时候，你就会感到安心和自信。对于和你互动的陌生好友而言，鲜明的第一印象会让她们更有确定感。她们能快速地感知你大致是怎么样的一个人，有助于更积极地与你互动。

现在，你需要问自己一个问题："微信新好友点开我们的微信后，对我们的第一印象是什么样的？"

为了回答这个问题，请根据微信第一印象的展现图，结合微信第一印象自评表，先给自己的第一印象打个分。

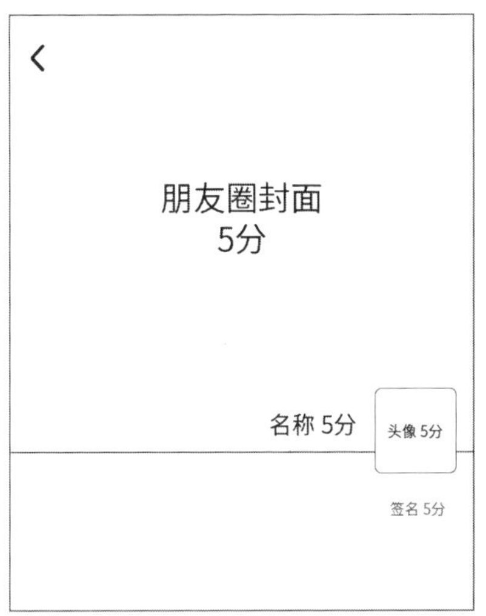

微信第一印象的展现图

微信第一印象自评表

当新好友看我微信时	鲜明（5分）	普通（3分）	模糊（1分）
能从我的头像看出我的特点			
能马上记住我的微信名			
能从我的签名看出我的成绩			
能从我的朋友圈封面加强印象			

如果你的分数在 15 分以上，那么恭喜你，你的微信第一印象比较优秀；如果在 12～14 分之间，则微信第一印象相对还行；要是 12 分以下，那基本就属于不合格了。

微信第一印象五要素

虽然第一印象是粉丝对你的整体感觉，但也是由各个要素组成的。微信第一印象五要素包括：微信头像、微信名、微信签名、城市设置、朋友圈封面。其主要原则就是借助小 IP 定位，让微信第一印象五要素保持一致。这可以让你的第一印象保持统一，给人明确、清晰的感觉。

关于小 IP 定位，简要地说，就是根据自己的兴趣爱好和工作经历，提炼自己，找到自己独一无二的优势特质。在这里，我重点阐述各要素的误区。在第四章，会结合你的定位，帮助你改进。

微信头像

对于微信第一印象，微信头像实在是太重要了。有小 IP 定位的头像，可以快速拉近你和陌生人之间的距离。什么是有小 IP 定位的微信头像呢？最主要的是一定要体现“你”。记住一点，这里要体现的是“你”，而不是你喜爱的其他事物。

我们知道，微信头像常规显示的是 1 平方厘米的正方形。无论我们拍的大图多么好看，好的微信头像，一定是通过这小正方形就可以清楚看明白“你”，而不是需要点开大图才可以一探究竟。

除非特殊定位需要，不要让自己的头像一眼看过去就被人产生不好的关联联想。例如，一眼看过去就像是一个传统微商卖货的微信，再加上以 A 开头的微信名，你的新好友还没和你交流，就充满了警戒心：“这人加我微信的目的就是推销自己的商品，她说什么都不要信。”

我列举了一些影响第一印象的微信头像的误区。

1. 风景照：风景照给人的第一印象一般是位年长的人。由于历史习惯，年长的人，喜欢用风景照作为自己的头像。其实啊，无论照片来自网络还是自己拍的风景，无论原图你多喜欢，这都毫无意义，没有人会对一个 1 平方厘米的风景感兴趣。

2. 单独宠物照：微信头像采用猫狗的可爱宠物照给人的第一印象是这人是有爱心的。但无论多么可爱的宠物照片，是我们自养的宠物照片，还是来自网上的图片，它都无法代替“你”。当你要打造私域流量，你的头像，一定要体现“你”。如果你真的喜欢宠物，你可以放你和宠物合影的照片，而不要放单独的宠物照，否则你给人的第一印象一定是模糊的，让你的粉丝好友产生混乱感。

3. 单独孩子照：在私域电商领域，宝妈是典型的人群。她们对自己的孩子肯定是越看越喜欢。如果你也是一位宝妈，实话实说，我们心里要明白，这是我们专属的喜爱，其他人未必真正喜欢你的孩子。宝妈给人的第一印象，是具有一定信任度的。我们总是天然地认为有孩子的女性是善良的。但你也应该明白，一来你的粉丝好友不一定喜欢你的孩子，二来你孩子也很难代表“你”。微信头像采用单独的孩子照片，对加强你的第一印象，毫无帮助。

4. 模糊照： 模糊照往往来自网络下载，或者自己有些失真的照片。模糊照往往给人不真实的感觉，尤其是人物的模糊照，给人的第一印象，这是盗用别人照片。更容易产生的联想是“为什么要盗用别人的照片呢？是骗子吗？”如果你的第一印象给人不真实，那么谁又愿意继续和你交流下去呢？甚至非常容易被拉黑。

5. 残缺随意照： 你的头像，无论是生活照还是艺术照，拍照一定要用心。你的用心，粉丝好友隔着屏幕，是可以感受到的。这就像语音通话的时候，对方看不见我们，但我们面带微笑，对方同样可以感受到我们的笑意。小 IP 们的微信头像，一定要慎重认真选取。不要临时想换个头像，随意拍一张，就上传了。这类头像，会让人产生随意不精致的第一印象。

6. 合影照： 合影照带来的问题是陌生好友不知道谁是你。想象一下，你看到一个新好友的头像上，有 3 个年纪相仿的女性，你肯定会感到困惑："到底是谁呢？"所以无论我们和闺蜜的关系有多好，合影是不适合作为自己的微信头像的。

7. 撞车艺术照：有时，某一类艺术照，会在短期内火起来。你可能也会被这种风格所吸引，拍摄同类的照片作为自己的头像。这时你就要留意了，如果这类艺术照已经过多，甚至人们对这类照片已经产生了某种关联，你就应该放弃这类照片。举个例子，你是不是见过一类两手交叉在胸前的女性职业照？以前可能这类照片代表的是职业女性，现在这类照片代表的更可能是良莠不齐的微商。所以为了避免被误解，你需要审视此类的艺术照。

微信名

对于小 IP 们来说，我们应该要像企业取自己的品牌名一样，认真地思考自己的微信名。我们要明白，名称即品牌。

好的微信名，除了可以让人一眼记住你，还可以快速拉近你们之间的距离。在微信上，看一个人的名字，只有一秒钟，如果这一秒钟记不住你，最大的可能就是，未来他想找你有点事，却记不住你的名字，从而就搜不到你。就像上课老师点名时，脱颖而出的名字，实际上会加强老师对你的印象。沙龙聚会，长得好的，名字起好的，都容易被记住。"鸡尾酒派对效应"，指的就是人们对自己的名字尤为敏感。我们和朋友聚精会神地聊天，会忽略其他声音，但只要有人说出你的名字，你马上就能竖起耳朵听到这个声音。但是这局限于你自己，你的朋友只会放弃拗口的名字。

下面介绍一下避免一些微信名误区。

1. 不要四字俗语的微信名：这类微信名，相对年长的人用得比较多。她们喜欢用一个成语、俗语，来作自己的微信名。例如，岁月静好，空杯心态，静听花开等。这类微信名，一个问题是没有识别度，谁会对自己耳熟能详的一个成语特别留心呢？另一个问题是念起来特别让人感到别扭，因为这违反了我们传统的取名方式。因此，四字名给人的第一印象是你是个年纪较大的，不懂传播的人。

2. 尽量不要单字：单字作为微信名，给人的第一印象，是有个性的。从名字的记忆甚至是第一印象来看，这是没有问题的。但是，单字在文字传播角度上，是存在问题的。试想一下，假设你叫“静”，受邀在某个微信群做分享，群主介绍你的文字如下：“接下去有请优秀的静给我们带来分享”。群里的其他人，绝对会感到一脸茫然。如果群里还可以 @ 静，来做一点区分，那么在海报上，单字名那真的会让人丈二和尚摸不到头脑。

3. 不要影响读念：绝大多数人在看到名字的时候，都会在心里默念一遍。看到名字后的视觉信息会被转化为听觉语言并传递到心智。因此，多音字就会影响阅读，从而干扰记忆。当你给自己取名叫小“茜”的时候，第一次看到你名字的人，会很混乱。因为他不知道你应该叫小“qian”还是叫小“xi”。

还有一些朋友，尤其是女性朋友，喜欢在自己的微信名加一些特殊符号，例如，一朵花啊，一颗爱心啊。这也不是好习惯。因为人们念名字时会被这个名字干扰。例如，“黑捕 @”，人们会念成“黑捕艾他”，而不是念成“黑捕”而忽略符号。所以加符号，也会弱化你名字的本意，增加读念的心理成本。这种心理成本会导致大脑的本能反应就是屏蔽。

4. 不要冷僻字：有人觉得冷僻字是个性和寓意的代表。细想一下，当我们在微信上遇见一个人，连她的名字都读不出的时候，只会感到厌烦，更不可能去了解背后的寓意。更麻烦的是，今后哪怕想起有你这么个人，想找你有事，却打不出你的名字，搜不到你。那你绝对错失了很多机会。

5. 不要妨碍搜索：在现实生活中，我们记不住一个人名字的具体写法，但见面的时候，说得出来就行。只要读音正确，也算记住了名字。但是微信名不一样，对方要找你的时候，是需要精准搜索的。哪怕对方记住了你名字的发音，但是如果输错字，同样也找不到你。因此，名字不能有易输错的字。例如，你的微信名叫“橘子”，但人们可能会输成“桔子”。名字间也不能有特殊符号，尤其是空格。例如，“朝 歌”，粉丝搜索“朝歌”时，是搜不到你的。这些细节都会让人们搜不到你，从而放弃与你沟通。

在这里，讲述一个简单有效的方式，来帮助你检验你微信名取得好不好，对第一印象的帮助大不大。我们身边一定有些朋友，记名字是盲区，怎么都记不住名字。你写出 5 个意向微信名，让对方看一眼。考虑把他记住的那一个作为自己的微信名。这是一个非常有效的方式，我本人就是属于记名字特别困难的人。参加有新朋友的饭局，我总是需要用手机把对方的名字先记录下来，觥筹交错间才不会叫不上名字而尴尬。但我发现，这个弱势，在判断名字是否是好名字上，反而是一种优势。一个名字能让我这样记名字困难的人记住，甚至过目不忘，那一定就是易记并适合传播的好名字。

微信签名

签名的作用，是告诉人们“你”是谁，不是写你自己的激励心态。最常见的是激励鸡汤。你要明白，你觉得这句鸡汤好，往往是因为你缺少它。这是在展示你的弱点。

想打造私域流量的黎小树咨询我说：“黑捕，我的签名怎么样？”我打开一看，6 个字：“靠自己才靠谱！”这句签名，给人的第一印象是什么？是激励吗？不是的。这句签名反而给人感觉这人是不是以前被伤害过。我直言不讳地问了她这个问题。果然，她是位单亲妈妈，刚离婚不久，一个人带孩子，近期其父亲又得肺癌晚期。所以无论你的经历有多么坎坷，在第一印象的塑造上，应该体现积极的一面。

城市设置

城市设置，一定要是真实的城市。不用担心自己所在城市的大小，真实是首要的。有些人喜欢把城市设置成国外的一个城市。这种虚假的设置，对你的第一印象毫无帮助，谁会愿意和一个真实城市都不愿意写的人打交道呢？

朋友圈封面

毫无疑问，朋友圈封面的这张图，是第一印象里最大的。只是放一张毫无意义的风景照，那就太遗憾了。朋友圈封面图是强化“你是谁”的最直接最具体的展现。一定要用朋友圈封面图来强化你的小 IP。

静下来，认真地重新审视一下你微信第一印象的五要素，看看你的第一印象是一致的，还是分裂的。有没有准确地表现出“你是谁”。请记住，没有“正确”的第一印象，只有展示了真实的“你”的第一印象。倘若你展现了自己最好的一面，展现了你想要分享给他人的一面，那你就给他人留下了你的最佳印象。

闻圈识女人，如何解读第一印象

当你深入研究微信第一印象后，你会惊喜地发现，你不仅能塑造自己的第一印象，还能通过第一印象，解读粉丝好友，做到“闻圈识女人”。

你今天打开微信发现通讯录有个红点，点开一看，发现有人申请添加你为好友。你通过后一看：名字是四字成语，头像是风景照；朋友圈封面也是一张简单的风景照；签名处空着；地点设置在杭州；微信号没有设置，还是初始的一串字符；女性。那基本上，这位新的微信好友，就是生活在杭州的年龄在 50 岁左右的女性。抓住这个特征，你在初期沟通的时候，在话题选择和语言的表达上能更有针对性。

而另一个新的微信好友，微信头像是模糊的照片，城市设置成芬兰，微信号同样没有设置。那你首要排除这类微信是不是带目的的营销号。如果她在你的微信群里，你需要更为留意。

又有些人的微信号，设置时会带上自己的手机号，或者会写上年月日。那么他们相对会比较踏实，更容易信任别人。你在与他们交流时，可以更诚恳一些。而且，你还可以根据生日猜测他们的星座。一聊上星座，就会打开双方沟通的话题。

而微信第一印象五要素一致的粉丝好友，往往是对自我认知比较清晰、目标感较强的人。你在和她沟通时，可以围绕她的第一印象里最鲜明的特征去交流，她一定会想："哇！你怎么这么懂我！"迅速破冰，让她不仅喜欢你，甚至崇拜你。

微信第一印象是打造私域流量的有效工具。人们总是喜欢被人欣赏，总是寻找有共同点的人，总是喜欢积极乐观的人，总是关注给自己带来价值、能受到启发的人。我们不但需要塑造自己良好的第一印象，同时我们更应该学会去解读别人的第一印象，快速破冰，提升自己的影响力。

第二章
小 IP 定位，私域流量的内核

2.1 至关重要的小 IP 定位

在广州的一次线下沙龙上，我做完分享，穿起外套正准备离开，一位女生走过来腼腆地问我，能否帮她分析下微信第一印象。她的微信简化图如下：白小白，朋友圈封面是一个大大的“禅”字，一只加菲猫的卡通图作为头像，签名写着：“让我们白白胖胖，美食相伴。”

我抬头看看她，低头看看微信，又抬头看看她，笑着说：“我怎么都没办法把你和你的微信联系在一起。你微信为什么是

这样设置的？”原来，26 岁的白小白养了一只胖乎乎的加菲猫，她就把卡通加菲猫设置为自己的微信头像。4 年前大学毕业，因为喜欢广州的美食，留在广州工作。一天，吃着叉烧饭，看着加菲猫，她随手在签名写上了：“让我们白白胖胖，美食相伴。”而朋友圈封面那个“禅”的由来，则是她觉得自己应该静静心，所以换了“禅”字。我笑着对她说：“你的第一印象，是一只生活在广州，喜欢美食却又佛系的卡通加菲猫。”

白小白的问题，不仅在于微信第一印象五要素不统一，还在于与本人毫无关系。这是小 IP 定位缺失的典型案例。小 IP 定位决定了你的第一印象，让你的微信第一印象五要素保持统一，快速增加信任。

什么是小 IP 定位

> 小 IP 定位：让你的小 IP 在潜在粉丝的品类心智中做到与众不同。

接下来用一个场景诠释小 IP 定位的定义。如果你想吸引的微信好友，是生活在上海的 30 岁左右职场女性。平时忙于工作，周末喜欢精致地在外滩旁的高层露台喝着咖啡，品尝着下午茶，感受着习习微风，看着黄浦江上船只来来往往。像这类人群，想买什么商品或者服务的时候，马上会想起你？

可能你是她们身边最懂时尚职业装搭配的，可能你是她们身边最懂养生茶的，可能你是她们身边最懂居家咖啡的，也可能你是她们身边唯一一个懂私域流量的。对她们来说，你在某个品类上是与众不同的，这个品类心智认知就是你的小 IP 定位。

在小 IP 定位的定义里有三个关键词：**潜在粉丝、品类心智、与众不同。**

潜在粉丝

潜在粉丝是你的吸引对象，她们更容易信任你。短短 4 个字，却包含了你对你粉丝群体的深度了解。我们需要知道最容易吸引的粉丝画像，越清晰越好。例如，你是一个宝妈创业的典范，那么你的潜在粉丝主要就是想要成长的宝妈；又例如，你推荐的是高性价比的普通品牌化妆品，那么你的潜在粉丝主要就是女大学生群体。

潜在粉丝的特征画像，可以通过已有的粉丝好友特征去验证。你可以打开朋友圈，分析在微信上经常和你互动、点赞、评论、私信的粉丝好友们，有哪些共性特征？年龄、性别、爱好、有无孩子，等等。留意下她们的生活状态，还能判断他们大致的收入水平。你对你粉丝好友的特征了解得越清楚，你就能转化越多的潜在粉丝成为粉丝好友。

品类心智

品类心智就是我们想买某一类商品或服务时，脑海中一跃而出的品牌。研究心智，属于认知心理学的范畴。**认知心理学认为，心智是决定我们的各种心理能力的核心角色**。我们先用简单的例子来帮助大家理解心智：如果你想买双运动鞋，脑海中第一闪过的是去耐克专卖店看看，那么你的心智在运动鞋品牌这项上，耐克品牌就是你的惯性思维。当你走进耐克专卖店，最先吸引你的，是粉色跑鞋。那么你的心智在耐克运动鞋里，粉色是你的惯性思维。而在粉色的各类跑鞋里，有透气轻巧的，有防风结实的，你更喜欢轻巧型的，那么你的心智在耐克粉色跑鞋里，轻巧型是你的惯性思维。所以，你极有可能会买走一双粉色轻巧型的耐克跑鞋。而如果此时有人向你推荐蓝色斯凯奇运动鞋，就会显得非常费劲，你很可能会充耳不闻。

很可能，你还会碰到一种常见情况，就是在耐克专卖店里，你喜欢的粉色跑鞋没有你的尺码。如果你急着需要一双跑鞋，那你会退而求其次，去阿迪达斯的专卖店看看有没有自己喜欢的粉色跑鞋。

这意味着，心智是会排序做选择的。先去你最喜欢的运动品牌店里看看，如果没有，再去第二喜欢的运动品牌店里看看。如果还没有，这时候心智就会觉得买鞋这事变复杂了，因为它不知道应该去哪家运动品牌店，你就会进入随意逛店的状态。更有可能的是，你逛一天，都买不到鞋子。

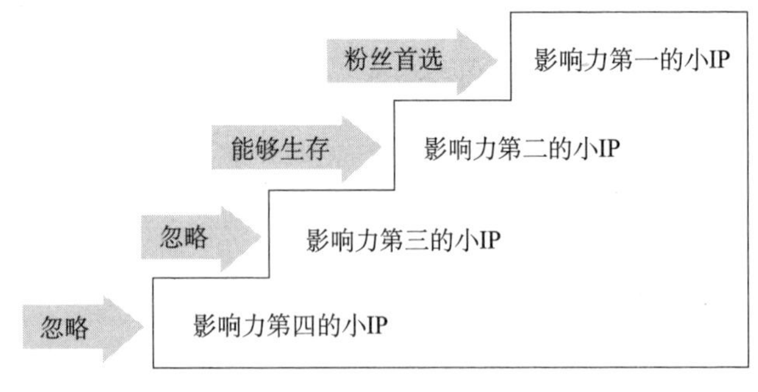

某品类心智的小 IP 们的排名

这表明心智只能“数一数二”，厌恶复杂。这在孩子身上表现得更为明显。如果你是宝妈，给你的 5 岁女儿买鞋子，当你带着女儿进了一家鞋店，她选中了一双粉色的鞋子。你觉得这鞋子款式并不是你喜欢的，另一款灰色的你觉得更好看，你试着说服你的女儿买灰色那双，你会发现，这是非常难的一件事情，你女儿会哭着说一定要粉色的那双鞋子。你可能会觉得孩子不乖，其实你不知道的是，你挑战的是孩子的心智。在你女儿的心智中，粉色是鞋子的最佳颜色。用灰色去替换粉色，这种尝试对孩子来说意味着复杂甚至混乱，她自然是不愿意了。

心智认可“数一数二”的特征，源自人脑对信息的防御机制。人脑更愿意接受与其记忆现状相匹配的新信息，其他不匹配的信息会选择过滤。如果把人脑比作电脑，那么心智就是内存，粉丝好友的心智给自己生活中接触到的品类，都留了一个空位，等待着品牌去填充。这里的品牌包括企业品牌、个人品牌及小 IP。

更神奇的是，心智还会让你只关注你想看到的信息，自动过滤那些和心智不匹配的信息。例如，你阅读文章时，很容易只看到符合自己观点的内容，而自动过滤与自己观点相悖的内容，甚至完全视而不见。“人们只看到自己想看的”，就是这个意思。而这还会不断强化你原有的心智认知。换言之，改变心智是无比困难的事情。这也是越来越多的人经常把“找同频的人”挂在嘴边的原因，其实就是找到相同心智认知的人。

我有个朋友叫陈庆庆，在杭州生活了五年后，定居在三线城市义乌，开了一家鲜花和女装混合的实体店。为了提升自己，她自费去韩国参加时尚搭配培训。私域流量概念流行起来后，她想在微信群里教她的微信好友时尚搭配。可是，她的微信好友绝大多数都是在杭州生活时加上的，对一个在义乌的女性教时尚，心存疑虑。因为陈庆庆违背了人们普遍的认知：时尚是从国际化大都市到国内一、二线城市，再下沉到三、四线城市的。无论陈庆庆是否真的了解时尚，只要她在义乌这个城市，人们就会觉得她并不懂时尚。这种难以改变的固定思维，我们只有顺应，而非改变。这就像为什么在中国，很多互联网企业会把总部放在北上广深杭的原因，除了有更多资源外，主要是为了满足人们的心智认知：大城市的互联网公司，更具实力。

与众不同

一句俗话说得好："与其更好，不如不同"。与众不同是抢占心智的强有力武器。你想快速进入粉丝好友的心智，只有聚焦小 IP 定位，极度简化你的信息，让他们认为在这一方面，你就是最特别的。就像玛丽莲·梦露以性感著称，只要问及性感的女性代表，人们就会想到她。但实际上可能她智商很高，情商很棒，这已经不重要了。聚焦某一方面的与众不同足以让她粉丝万千。

黑捕的定位，就是专注于小 IP 定位，帮助各位小 IP 们找到自己的定位。在企业级的定位服务里，《定位》的作者杰克·特劳特，抢占了企业家的心智，企业定位咨询服务找谁？脑海中第一闪过的就是特劳特咨询公司。而在私域流量里，大量的小 IP 需要定位咨询服务，那你会想到谁，一定是我这个与众不同的专注在小 IP 定位的先行者。

想要与众不同，你需要具有考虑问题时的视角独特。分众传媒创始人江南春有个观点值得我们学习。当传统媒体都在拼命提升内容，让人们无意看到广告而被吸引，获得营销效果的时候，并不擅长做内容的江南春从另一个角度进行考虑：在什么地点什么时间，人们闲着会比看广告更无聊。于是，他发现了电梯这个特殊的空间。等电梯的时间闲着比看广告更无聊，那么广告就成了内容。如此独特的视角让分众传媒取得了巨大的成功。

同样一件事，换一个角度，就变得与众不同。在 2020 年 1 月初，一条关于裁员的段子刷爆了朋友圈。

华为：放弃平庸员工。

腾讯：结构性优化。

百度：鼓励狼性，淘汰小资。

马云：未来每年将会向社会输出 1000 名在阿里工作 10 年以上的人才。

虽然马云这句话的出处，来自他在阿里巴巴 20 周年时提到对未来的畅想："30 年以后，我们希望每年向社会推荐输出至少 1000 名在阿里工作 10 年以上的阿里人，他们应该参与到社会的建设中。"不过，被引用在这个段子里，显得格外与众不同，让这个段子引爆朋友圈。

"与众不同"这四个字，看似很好理解，也容易走进误区。

我们常常锁定“不同”，但实际上，“与众不同”更应该关注“众”。因为“众”的人数范围，决定了你该如何不同。如果地球上只有两个人，你是女人，另一个是男人，你什么事都不用做，就是唯一的，与众不同的。就像私域流量的与众不同与公域流量的与众不同就完全不一样。私域流量里，你同类竞争的可能只有几个人，而在公域流量里，可能就是成千上万人在竞争。

因此，与众不同不是为了不同而改变自己，也不是为了哗众取宠而故意不同。而是提炼自己，从一个特殊的角度抢占粉丝好友的心智位置。与众不同是从零开始定位的基石，多花时间在与众不同的雕琢上，未来它会给你巨大的回报。

至关重要的小 IP 定位

可以快速建立信任

私域电商和传统电商是不同的。传统电商是通过评论系统去建立起商品的信任关系的，顾客只有通过商品评论来判断商品是否值得购买。私域电商里，粉丝好友是否购买则依赖于对分享者的信任。

阅读是我的兴趣爱好之一。我对互联网领域相关的书籍有着极高的敏感度。通过在当当网上进行关键词搜索，查阅书目，基本上就能判断内容的优劣，选择适合自己的书籍。最近我想拓展知识面，读一些人物传记，例如，曾国藩。可搜索“曾国藩”后发现，有 20 多个版本。不同出版社，不同作者，甚至还有同一本书的不同版本。因为平时人物传记读得少，对这样的搜索结果，完全无法决定该买哪一本。巧合的是，一次刷朋友圈时，看到“凡客体”操盘手许晓辉在朋友圈发了自己的 2019 年书单。他推荐了张宏杰的《曾国藩传》，他的原话是：“又是一个看到姓名就可以闭着眼买的作者，张宏杰。喜欢读历史的朋友，把他的所有书都买过来，也不会觉得踩雷”。我看到以后，立刻买了这本《曾国藩传》。因为我知道，许晓辉毕业于北京大学中文系，获得硕士学位，国内互联网领域的元老级人物，曾就职于雅虎、金山、凡客等知名科技公司并任职高管多次创业。既对互联网有深刻的理解，又对历史有着深入的研究。他以这样的背景来推荐《曾国藩传》，我是充分信任他的。

明确的小 IP 定位可以带来确定性，而确定性可以帮助快速建立信任。粉丝好友可以确切知道“你”可以给他带来什么。在这纷杂的世界里，人们对不确定性总感到焦虑不安。有个笑话：“无论你感到哪里不舒服，你去网上搜一下，出来的信息总让你觉得自己像得了绝症。”因而人们都在找信任的人，做确定的事。

更有意思的是，科学研究表明，信任的化学因素是催产素在起作用。女性对催产素比男性更敏感。而私域流量里最活跃的群体就是女性群体。在催产素的作用下，她们对信任的需求，远高于男性。这是从生物机能上证明了信任的重要性。“你”的定位越清晰，你的粉丝好友就越确定，对你也就越信任。

提升逼格，克服“怕被屏蔽”心理障碍

许多人在刚接触私域流量的时候，碰到了一道相同的坎。我们在真正迈出第一步之前，常常担心：“如果自己在朋友圈分享商品，会不会被原有的朋友们屏蔽？会不会被他们看不起？”

这个“怕被屏蔽”的心理障碍，80% 的私域流量从业者们都碰到过。要克服这个心理障碍，我们需要明确一件事：“人们屏蔽的到底是什么？是屏蔽分享商品这个行为本身吗？”不，人们屏蔽的不是分享商品这个行为本身。在我的微信上，有一位杭州大厦香奈儿专柜的导购。她定期会发布最新款的香奈儿商品到朋友圈。我相信绝大多数女性朋友都不会屏蔽她，因为她分享的到柜新品对你来说是有价值的。所以人们并不是厌恶分享商品行为本身，而是会屏蔽这人分享的商品对自己毫无帮助，浪费自己的时间。

那么你确定了小 IP 定位，有效地组织朋友圈内容，让你的朋友圈，虽然有商品分享，但看过去仍是逼格满满。你的粉丝好友不仅不会屏蔽，反而会喜欢看你的朋友圈。如果你还能风格幽默

一些，那你一天发 20 多条朋友圈都不会被屏蔽。

同样的话，完全不同的效果

你想给孩子买一本小学语文读物，你发朋友圈问道："请问小学二年级的孩子，有什么好的语文课外阅读书可以推荐呀？"有两位微信好友同时给你推荐书籍。一位是宝妈叶菲，平时喜欢分享育儿知识。你在她的朋友圈里可以看到儿童教育的观点，有些观点你觉得还挺有道理；另一位是朋友圈仅三天可见的卢巧巧，你也忘了她具体是做什么的。相比之下，你自然听取了叶菲的建议，购买她推荐的书籍。事后你发现，原来卢巧巧的工作是小学语文教师。

在这个场景里，第一位宝妈叶菲，可能是兴趣使然，有意无意分享了儿童教育方面的内容，虽然不一定是刻意的定位，但你对她在儿童教育方面的认识是有印象的。而卢巧巧没有任何的定位，别人对她到底擅长什么也就无法判断。哪怕她工作是在小学担任语文老师，也无从知晓，她的话也就失去了影响力。

陈晓是一位热心的宝妈，只要在朋友圈看到有人咨询，总会热情地给出建议。但她发现，朋友们除了对她说声谢谢，从来没采纳过她的建议。有一次她看到有朋友询问如何搭配深秋的衣服，她回了近 200 字的评论。结果寒心地发现，朋友没有和她有任何互动。陈晓终于忍不住，私信朋友问这是为什么。朋友如实告诉她说，虽然她很热情，但是什么事情都会给建议，感觉什么都懂一点，又感觉什么都不精。所以无法确定是否要听她的建议。

这就充分说明了影响力的魅力并不在于你说了什么，而在于你是谁。现在分享商品或者服务的人实在太多了。当所有人都在说自己分享的产品是最好的时候，可信的只有“你”这个人本身。在嘈杂社群里，如果没有定位，你说的话就没有效果。哪怕你每天信誓旦旦地呼喊，每句话都加很多感叹号，也无济于事。而有定位的人，哪怕是云淡风轻的一句话，也会一呼百应。

小 IP 定位还可以往你的个人品牌里储蓄精神能量，形成势能。每一次的定位强化，都会让你话语的影响力上一个高度。就像在水库里蓄水一样，日积月累，总有一天，蓄满水的水库产生的势能真的是一泻千里，磅礴非凡。

同样时间聚焦在小 IP 上，大大提升效率

私域流量里的活跃人群，很多都是兼职，有些还是宝妈。白天忙工作，回家带小孩。忙里偷闲要发圈、沟通、社群维护，真的非常辛苦。时间对她们来说尤为宝贵。她们只能放弃自己的兴趣和爱好，挤出那么一点时间，打造私域流量，获得一定的收入。

和王小丫在做定位沟通的时候，她说自己以前特别喜欢插花，还发了好多之前的插花照片给我。我说你应该坚持下去。她表示自己真的很忙，每天早上 6 点半起床，到晚上 12 点睡觉，忙得团团转，完全没有自己的时间。“可是”，她说道，“好像也不知道忙什么，感觉没有效果。”

这是没有定位的私域流量从业者的通病。她们每天可以获得海量的素材内容。如果没有自己的定位，很容易迷失在素材的丛林中。虽然忙得焦头烂额，但回头看看，发现分享的商品太过于分散，显得杂乱无章。只有把时间都聚焦在自己的定位上，才可以提高自己的分享效率，节省时间。

有效的时间管理不是试着分配时间给所有的事情，而是让你把时间聚集在重点事情上。如果没有定位，做事就没有主次。你会感觉每件事都很重要，都很紧急。忙碌完一天，最茫然的是，你不知道今天的忙碌到底有没有效果。如果你忙碌的一天是聚焦在自己的定位上，那你就更有确定感，睡前你就会很充实，再累也不会感到迷茫。

总言之，没有小 IP 定位，你的朋友圈就像是一块移动的广告牌。哪怕通过你的努力，微信好友在增加，流量池看起来在变大。实际上，屏蔽你的人可能更多。找到自己的小 IP 定位，连接更多的人，让更多的人信任你，才会是你的价值所在。

2.2 具有势能的小 IP 定位原则

如果女人能把年龄活成一种势能，她的气场会不断加持。2013 年，82 岁的卡门·戴尔·奥利菲斯（Carmen Dell Orefice）在巴黎时装周压轴出场，五官轮廓棱角分明，独特气质，成为 T 台上最年长的模特。当我们都认为模特是吃青春饭的行业，卡门却因岁月累积的势能，让“凌厉的优雅”闻名遐迩。

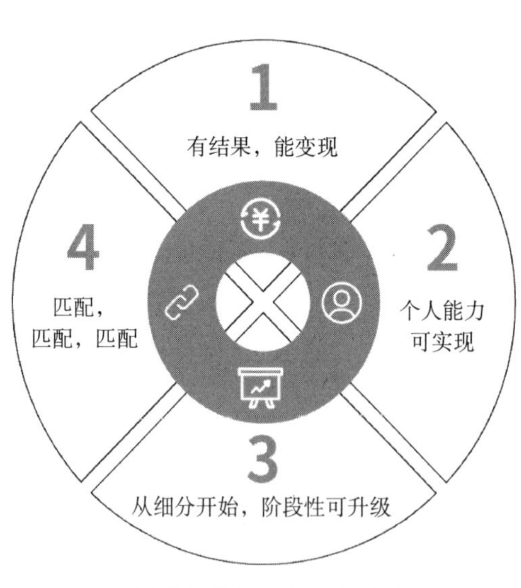

具有势能的小IP定位四个原则

优秀的小 IP 定位，是可以把时间转换为势能的。你打磨它，提升它，不仅在爆发的那一刻，能形成排山倒海般的影响力，更会让你的小 IP 有着长青的生命力。下面介绍具有势能的小 IP 定位 4 个原则。

有结果，能变现

Parke 是我的一位创始人朋友。2017 年年底因为创业方向调整，开始做抖音短视频。虽然那时候抖音进入爆发期，但大家对基于抖音的商业变现一无所知。Parke 的心态也是：“无论怎么样先做吧！”

那到底做什么样的抖音号定位呢？他的限制因素是需要在办公室里完成拍摄，并且由现有的员工兼职完成。Parke 觉得现在女性群体多，做一个定位在自制简餐教学的短视频账号可能可以吸引到更多的人观看。于是，在办公室里规划出一块区域，布置一个电磁炉，一口锅，一张小长桌，两架补光灯，一台能拍视频的照相机，他的抖音号就可以开工制作了。

“你们谁愿意出镜？”看着员工区域里仅有的三名女员工，Parke 问道。她们都摇了摇头。无奈之下，Parke 只能选择一位声音比较好听的昵称“熊猫”的女同事，采用不出镜的形式开始拍摄短视频，并给抖音号取名“熊猫有点饿”。

在抖音高速增长的大势之下，Parke 的“熊猫有点饿”粉丝量暴增，10 万、50 万、100 万、200 万直到现在的 338 万。是不是很让人羡慕？可是新的问题来了，从 100 万粉丝开始，Parke 就开始尝试让这个抖音号变现。他发现，虽然视频内容深受粉丝喜欢，但这个号在商品销售上不尽人意，并没有呈现出想象中的爆发力。

在粉丝经济里，常见的误区就是粉丝量决定价值。先闷头只关注粉丝量，把变现的可能留给未来，这是极具风险的事情。Parke 的“熊猫有点饿”抖音号定位存在问题，原因之一在于没有真人出镜，无法强化人设。虽然这是历史遗留问题，但也告诉我们一个道理，定位偏差，导致粉丝量和销量并不能画上等号。

这是为什么私域流量越来越得到推崇的原因之一。私域流量是以结果为向导的，哪怕你只有 1000 位粉丝好友，你也可以尝试商业变现，获得收入。这就需要你在考虑定位的时候，一定要以结果为向导，明确自己的小 IP 定位，它是短期内就可以变现的。

举个显而易见的例子：可能你是个段子手，大家都很喜欢你，另一位朋友小潇擅长护肤。从变现的角度来看，小潇的定位会更容易获得收入。因为段子手的定位，虽然人们喜欢，但对你分享商品是否值得买，并没有什么帮助，自然也就无法增加销量。

“有结果，能变现”这一原则，也要求我们在初期就要勇于尝试变现，来验证自己小 IP 定位是否正确。我们觉得打造小 IP 是有逼格的事情，但有时我们一到变现环节，就举步不前，耻于开口。如果你的小 IP 定位没有阶段性验证，那未来很可能你会无法获得收入。没有结果的 IP，那就是 0，简称 IP0。你的小 IP 定位，一定是需要有结果的定位。你要知道，粉丝好友愿意付费，才是你小 IP 真正的价值体现。

个人能力可实现

在思考小 IP 定位的过程中，有时候你会因自己想到的定位激动不已，感觉自己很快就要火遍大江南北了。但实现起来，却发现需要大量的资金才能完成。常常有女性跟我说，想把爱好环球旅行作为自己的定位。我也知道每个女性都有一个旅行梦，喜欢旅行是女人们共有的特征。但你真的要把分享环球旅行作为定位，你就需要考虑清楚自己的资金是否支持。毕竟你需要每天都发朋友圈去强化它，你能做到隔三差五地就出国玩一趟吗?

时间，也是个人能否实现定位的限制因素。有些定位虽然你自己能完成，却需要花费大量的时间，这就不容易坚持。陈菲儿化妆水平很高，甚至朋友称她的化妆术堪比易容术。一开始，她把自己定位在化妆达人上，开始做《王者荣耀》英雄的半脸化妆。朋友们都被她的化妆效果惊艳到。但是，这类化妆太花费时间了，工作日陈菲儿根本没有时间做化妆，自然也就停滞了。困感的她来咨询我，我说，这太好办了，你把自己定位成懒人速妆达人，每天早上打车去上班的时候，记录自己的速妆教学，就可以了。同样的技能，优化一下定位，效率完全不同。

还有些定位，需要专业团队才能实现，这对于小 IP 们来说，也不是优秀的定位。例如，你与众不同的定位是借助短视频去呈现的。但短视频需要一个团队，例如策划编导、摄影、剪辑等。这样的定位，哪怕你有资源，也很容易导致投入产出不成正比。不仅没有获得收入，还容易亏损。

简言之，当你的小 IP 定位让你个人实现起来很费劲，那就不是好定位。

从细分开始，阶段性可升级

你的初始定位一定要像钉子一般，让人印象深刻。有一次，我在一个探讨私域流量的群里，看到两位新群友的自我介绍。

第一位的自我介绍是这样的："大家好！我叫晨飞。我大概说一下我的一个工作经历。我 2003 年毕业，做过保险行业的业务员，开过实体服装店，都经营得挺好，但家人希望我有份稳定的工作，最后还是让我放弃经商，进入电力公司成为一名兢兢业业的上班族。在办公室工作 4 年，后来上面要求每个公司要成立新闻中心，然后调去写新闻，中间经历了百年一遇的冰灾和两场最大的洪灾，一直工作到 2013 年！写的新闻多次在报纸上发表，摄影也拿过些奖项。后来，领导看我辛苦了那么多年，正好有一个机会就送我去学习了三年的法律知识，回来负责公司法律合同事务，从此告别了那些夜夜加班写稿的日子。”

第二位的自我介绍是这样的：“大家好！我叫静小思。我曾经是设计师。大学毕业于杭州中国美术学院建筑景观系。中国美院是中国三大美院之一。毕业后在国企设计院工作了三年多，完成了很多设计作品。生完孩子后，也做了很多事，不过总感觉一般。曾经学习、工作的背景，让我在分享的时候，会更注重美学美感，更想做一个有风格、有标签、有价值的分享者。”

毫无疑问，我们对静小思的印象深刻很多。我们会聚焦在她的设计背景上，信任她对美感的理解是专业的。而晨飞的介绍，除了让人感觉她工作多年，就是一团混乱，难以留下印象。

介绍太宽泛也可能源自晨飞的不自信。当她罗列一大堆经历时，很可能对自己最亮眼的经历不够自信。导致对“我只要做强哪个点，粉丝好友就必然喜欢”没把握，变成了撒网式介绍。这就像包治百病的药一样，如果有人跟你说，她的药是包治百病的，你会相信她吗？如果你的粉丝好友得了感冒，她最希望的是感冒特效药，而不是所谓的包治百病的药。

从细分后的持续升级，结合商品销售，那就是从爆品到品类，再覆盖全品类。你可以从甜甜圈达人，升级到甜点达人，再升级到美食达人，层层递进。前置定位是后置定位的基础，后置定位是前置定位的升华。你可能会担心，自己做的定位没有办法阶段性升级。我告诉你一个简单有效的方法：你打开淘宝，在左侧可以看到它的分类，女装 \ 男装 \ 内衣代表着服装全品类，你选择女装，代表了单一品类，再到旗袍这个细分品类。你可以从旗袍达人开始，再到女装达人，再到服饰达人。这样的升级方式肯定符合粉丝好友的认知心智。

可升级的好处是显而易见的，这会让你更关注当下。我们常常会因为打造一个完美的定位思虑过度。就像处女座的人容易失去信心的原因一样，人们在定位时容易追求完美而无法实现。“完美”的定位会导致你现有的资源无法支撑起定位。你要明白的是，未来的定位，需要未来的资源，需要更强大的你去做支撑。只要你从细分定位开始，一个动作一个动作地持续打造，一次又一次阶段性地升级，就能成就你的人生，让你的生活变得无限可能。

匹配，匹配，匹配

重要的词说三遍。你的定位，需要匹配粉丝好友的心智。我们不要去挑战粉丝好友的固有思维，也不要剑走偏锋，用媒体宣扬的个例来作为自己的定位方向。我总结了私域流量活跃人群的心智列表，你可以对号入座，找到自己的初始定位。

私域流量活跃人群的心智列表

商品品类	护肤系列，烹饪系列，美食系列，健康系列，家居系列
女性成长	沟通能力，演讲能力，摄影技术，文案水平
创业能力	领导能力，变现能力，努力程度，抗压能力

在上面的分类里，只要有一个方面在你的私域流量里表现得尤为突出，就可以将其作为你的小 IP 定位。当然，在每个子分类里面，你还可以继续细分。例如，护肤系列里，你可以细分到喜欢外敷产品的护肤达人和内服营养品的护肤达人。沿着心智列表细分下去，你的定位就一定符合粉丝好友的心智认知，直击内心。

2.3　我是谁

这两年抖音很火，茹茹想通过抖音获取粉丝后，再往自己的微信里引流。她每天刷抖音看热门，再花上两小时拍摄、剪辑，左看右看自己都觉得很满意，有些视频自己看了都笑得合不拢嘴。但一发布，却没几个人点赞，更不必说关注了。颇有毅力的她继续努力，短期内竟拍了 600 多个短视频。可与视频数量形成反差的是，她的抖音粉丝才几百人，加为微信好友的只有几个人。为什么这样的引流方式像流沙一般，吞噬了我们的时间，却没有效果？

引流和转化都是因为“你”

“引流”和“转化”，是电商的核心。但你理解私域流量里这两个词的真正含义吗？

引流

在互联网引流的历程中，“引流”经历了三个阶段。

第一阶段：通过内容引流到店铺。常见的场景，通过某种商品的使用心得，引导用户到相关的淘宝店。通过店铺的信誉、促销及客服的专业回答，来形成转化。

第二阶段：通过内容引导到内容号。通过单篇文章的推送，引起人们的兴趣，从而关注对应的内容号。例如，今日头条就是最常见的情况。你阅读到推送的一篇关于衣服搭配的文章，觉得特别好，你就关注了它的头条号，以便以后可以看到这个号所推送的内容。微信的订阅号引流逻辑，也是同样的方式。

现在第三阶段：通过表述观点的内容到个人。以往文章表述的观点主要是为内容本身服务的。例如，讲私域流量是未来的常态，那么会引用部分人的观点来证明核心内容是正确的。而现在的观点是为“个人”服务的。通过强化个人的观点，来让读者产生共鸣并喜欢上这个人，关注这个人，也就是我们常说的“路转粉”。

因此，引流的目的发生了变化，人们已经明白，引流就是粉丝为“你”而来。既不是为你的店铺，也不是为你的公众号，而是真真实实的“你”。

转化

信息爆炸带来的是内容严重同质化。想依托差异化的商品介绍，让人们看到后产生购买行为，变得越来越困难。几年前，人们通过商品评论来决策是否购买，而现在，越来越多的商家通过红包返现的形式，引导好评。这个方式导致越来越多的人怀疑商品评论的真实性，从而不愿下单。几乎当所有的商家都在说自己的商品好得无与伦比时，顾客又该相信谁呢？

这是人们喜欢在私域电商购物的诱因。与其相信店铺不知真假的评论，不如相信值得信赖的小 IP 们。同样的商品，同样的朋友圈图文，由不同的人来发布，转化效果截然不同。只有粉丝好友信任“你”，才会相信你推荐的商品，并毫不犹豫地购买。

因此，和“引流”一样，“转化”同样也是因为“你”。粉丝好友越了解“你”，越清楚你擅长什么，你的转化效果就越好。这样产生的良好口碑又会带来更多的流量。

我是谁

请看着下面的“我是谁？”，给自己 3 分钟静思的时间，问一问自己的内心。

我是谁？

探索自我，让“我”变得清晰，是极具价值的事，值得你投入充足的时间。这不仅仅是引流和转化的需要，更是你实现人生价值的需要。法国文艺复兴时期思想家蒙田说过：“世界上最重要的事情就是认识自我。”

你是否因为被人误解而抱怨过？可你有没有想过，你认为的误解，可能就是他们眼中真实的你？他们不需要也不可能完全知道你是谁，他们只关心你在他们的世界里是谁。如果你经常被误解，那一定不是别人的问题，是你的自我认知和外在表现出现了偏差，没有统一。

许多人痛苦的原因，在于把工作仅仅作为用时间换取金钱的手段。他们需要用时间换来的金钱维持生计，无论工作是否喜欢，只能周而复始，日复一日地等价交换。假如你一直违背自己的内心工作，那么你出卖自己不可再生的时间资源，去交换可再生的金钱，那你一辈子都在做一门亏本生意。在豆瓣“职场”这个小组里，有些热门小组是这样的：“今天又想辞职了”“上班这件事”“上班摸鱼小队”。顾名思义，他们为了混一份工资，浪费着自己最宝贵的时间。

诚然，我们要用金钱满足生活所需，但你的生活所需都是必需品吗？你想获取的东西越多，你的生活就会变得越复杂。那为什么不回到自身价值的实现上来呢？赚钱本身并没什么错，但应该把金钱看作是实现自我的附加价值，而不是牺牲时间的交换品。事实上，名人们都在回归自我价值本身。在网络上，你可以找到一张名为“Steve Jobs' timeline”（史蒂夫·乔布斯的时间表）的图片，这张图片汇集乔布斯从 1989～2010 年在不同场合拍摄的照片，跨越了 20 多年。图片中的乔布斯从胖变瘦，慢慢变老，但着装却丝毫没有改变：永远的牛仔裤 + 黑上衣。同样，Facebook 的 CEO 马克·扎克伯格也是如此，出现在公共场合的扎克伯格，永远穿着一件圆领灰色短袖，最多加一件黑色外套。在他晒出的衣柜里，挂满了一模一样的圆领灰色短袖和黑色外套。

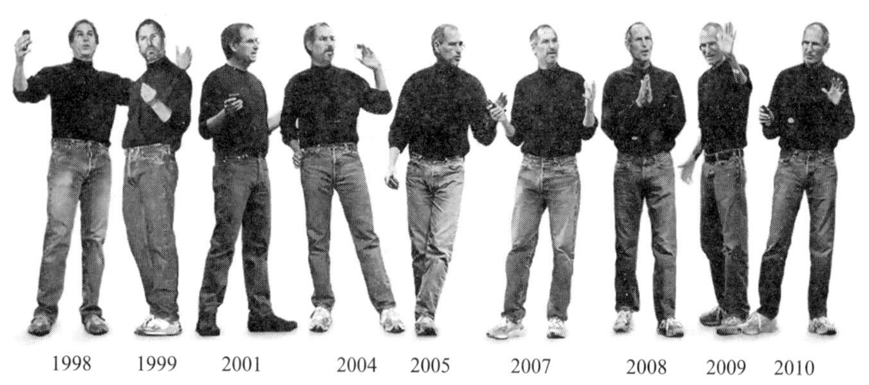

乔布斯的时间表

我们为了生计迷失自我，小 IP 定位给了我们一次找回自我并获得收入的机会。当你在个人能力、爱好与商业世界之间找到平衡时，觉得这个世界像开了另一扇窗，变得截然不同。这世上没什么比遵从内心，还可以获得收入更完美的事情了。它可以激发我们生命中最棒的自己。哪怕你碰到挫折，遇到失败，你都能快速恢复，坚持下去，持续获得快乐。股神巴菲特就是这么做的，也是这样教育儿子彼得·巴菲特的。巴菲特教育儿子的观点是："你应该努力成为心中想要成为的人，追寻心中想要追寻的梦想。"

明确"我是谁"，有助于自我认知和行为之间的暗示作用。是真实的"你"引导了你的行为，还是你想要成为谁？定位了方向，逐渐就变成了谁。

我们知道，当你开心的时候，你就会露出笑容。可能你不知道的是，如果你露出笑容，你同样也会感到开心。当你咧开嘴，做出笑的表情的时候，你的心情确实也会变得更好。心理学家把这种现象叫作"表情反馈"。脸部表情的改变能使流向大脑的血液温度发生改变，从而改变你的感觉。是不是有点像到底是鸡生蛋还是蛋生鸡的哲学问题？

如何探索自我

著名服装设计师山本耀司说过："自己"这个东西是看不见

的，撞上一些别的什么，反弹回来，才会了解“自己”。所以，跟很强的东西、可怕的东西、水准很高的东西相碰撞，然后才知道“自己”是什么，这才是自我。

探索自我面临的一个问题是：“我们应该还原完整的自我，还是尽量找到最闪光的那一点？”

20 世纪 80 年代哈佛大学认知心理学家加德纳提出了多元智能理论，定义智能是人在特定情景中解决问题并有所创造的能力。他认为每个人都拥有 8 种主要智能：语言智能、逻辑数理智能、空间智能、运动智能、音乐智能、人际交往智能、内省智能、自然观察智能。加德纳多元智能理论特别重要的一点是：“每个孩子至少有一个优势智能。”找到优势智能，就是找到自己的天赋所在。**因此，在这里，你思考“我是谁？”，实际上思考的是：“哪个领域是我天赋所在，让我能成为值得信任的人。”**

乐观主义者和悲观主义者探索自我的结果是截然不同的。

乐观主义者往往会列出多项自己的优势领域，他们所面临的问题是，觉得这些优势领域自己都不错，都可以成为自己的定位。而得知只能选择一项作为自己定位时，会非常纠结。如果你是乐观主义者，此刻，你要学会做减法。在列出的优势里，像侦探一样找出伪优势，并划去它们。最简单的方法就是思考这个优势是否适用于其他人。如果你觉得这个优势同样适合某个微信好友，请果断地划去它，直到剩下最后一个核心优势。

悲观主义者的问题在于无法列出自己的优势领域。他们感觉自己的能力平凡无奇，无法成为自己的优势。此刻，你要学会给自己信心。你要相信，没有绝对的优势和劣势，这一切都取决于你把它放在何处。调转一下你的航向，劣势甚至就会成为优势。例如，我是一个经常忘记新朋友名字的人，记名字对我来说是非常痛苦的一件事情，每次饭桌上遇到新朋友，刚听过他的名字就忘记了。从社交的角度看，记不住新朋友的名字是我的不足，但是，在私域流量的小 IP 定位咨询里，记不住名字反而是一种“优势”。这是识别是不是好名字的有效方法，因为能让我记住的名字一定是极其易记并适合传播的名字。

现在开始探索自我，寻找定位来得及吗？答案是肯定的。思考“我是谁”这个问题从来都不晚。马克斯韦尔·莫尔兹说过：“无论何时，只要可能，你都应‘模仿’你自己，成为你自己。”

凡是过去，皆为序章。

第三章
与众不同的小 IP 定位

3.1　三个闺蜜定位法

丽儿姐，在服装公司做行政工作。平时在公司里，有意无意会了解到一些时尚资讯，看到最新款的样品，偶尔还会接待意大利时尚圈的客户。丽儿姐感觉自己是紧随时尚步伐的，所以经常给闺蜜小米一些穿衣搭配上的建议。比较纳闷的是，闺蜜小米对她的穿衣搭配建议，只限于交流，从来没有真正采纳过。

一次闺蜜小聚，趁着酒后微醺，丽儿姐说出了这个困惑："小米啊，你对我推荐的衣服，好像都没什么兴趣啊？"小米真诚地对她说："说实话哦，不知道为什么，你推荐给我的衣服，我总感觉自己不太喜欢。不过呢，我会经常关注你用的护肤品，你的皮肤实在是太好了，我倒是经常买和你同款的护肤品。"

当丽儿姐跟我说起这段经历的时候，略有些自嘲的意味。我告诉她说，这其实是非常正常的现象。有时候我们的自我认知，与别人对我们的看法，容易产生偏差。这就像当我们第一次在录音中听到自己的声音时，可能都经历过那种不舒服的感觉："等一下！这是我的声音吗？不可能吧！我的声音怎么是这种声音！

录音机坏了？”这都是我们第一次在录音中听到自己的声音时内心说的话。实际上，别人听到我们说话的声音，就是录音里的声音。

我们对自己的认知偏差，有时候是客观原因造成的，例如，你平常听到的自己声音，其实是两种声波混合的结果。一是声带产生声波，通过空气传到你的内耳；二是你头部的骨骼和组织也会将这些声波直接传导到耳蜗。而别人只能听到通过空气传导的声音。换言之，别人听到的声音，才是你真正的声音。

我们对自己的认知偏差，也可能来自对自己的认知模糊不清。苏东坡在七言诗《题西林壁》中写道：“横看成岭侧成峰，远近高低各不同。不识庐山真面目，只缘身在此山中。”这首诗短短 28 个字，借景写人，以景喻事。不仅写出了身在庐山之中，很难看清真实的庐山，更被后人引用出心理学上的“苏东坡效应”：人们往往难以正确认识自我。

既然自我认知产生偏差是常见的，那么你应该正确地看待自己的认知偏差，并可以借助朋友们对你的看法，来校准你的自我认知。而在朋友里，最有借鉴意义的，就是闺蜜的直觉。

三个闺蜜定位法概念

> 三个闺蜜定位法，主要是借助你最亲密的闺蜜对你的直觉认知，从她们的视角，给出更为客观的“你”。

“三”这个数字，是参考人数，而不是绝对人数。老子《道德经》中提到：“道生一，一生二，二生三，三生万物”。“三”在中国古代其实是最小的虚数。你可以找三个闺蜜，也可以找五个闺蜜，还可以找七个闺蜜。一般来说，超过十个意义不大。在这些闺蜜对你的认知中，找到交集，往往就能成为你不错的定位来源。

鉴于私域流量里担当重任的多数为女性，我引用了闺蜜这个人群。如果你是男性，恰好又是钢铁直男没有闺蜜，你咨询的就是对你熟悉的女性好友。一般来说，不建议咨询男性兄弟，男性思维适合规划私域流量体系，而不适合作为抢占女性群体心智的定位来源。

为什么三个闺蜜定位法是有效的

打造自己的小 IP 定位，最终要形成他人认知中的“你”。你在和闺蜜们相处时，是最自然的，也是最真实的。通过她们“影射”出的“你”，也是最真实的你。

可能你会怀疑，闺蜜的直觉可靠吗？因为数百年来，我们接触到大量的书籍都在宣扬理性决策，正所谓“三思而后行”“谋定而后动”。我们从小接受的教育，都在教导我们做事之前要全方位考虑各种因素。而不假思索的闺蜜直觉作为个人定位来源，是不是让你心里没底。我理解这种心情，不过，通过帮助数百名小 IP 们，借助三个闺蜜定位法找到定位，提升了小 IP，已证明这个方法确实是可行的。

在信息爆炸、观点横飞的世界里，全面分析未必比直觉判断占有优势。我们难以穷尽信息来帮助决策。随着你获取信息的增加，反而变得无所适从。你会发现，一方面你在不断获取信息，想让自己的决策变得更理智。另一方面，你又会不自觉地陷入“孕妇效应”：如果你是孕妇，你会觉得满大街都是孕妇；如果你最近刚买了辆保时捷，你会觉得满大街的汽车都是保时捷。偶然场景会因为你的选择性关注，而让你觉得这是个普遍现象。这是因为心智更善于过滤信息，使我们眼里只看到我们心里想看到的。所以，当我们考虑自己的定位时，无论想要多客观，内心总会存在一些倾向性。这种倾向性会导致我们，看似客观地获取大量信息支撑决策，但实际上很可能仅仅是为了支撑自己潜意识的倾向性。

私域流量，算得上是女性群体主导的领域。相比善于用左脑理性思考的男性，女人们更喜欢用感性的直觉做出判断。男人女人之间最大的矛盾就在于，男人喜欢用逻辑去阐述事物本身，而女人更关注你给她带来的感受。亚里士多德曾这样写道：“女人的性情比较柔软，她们更加淘气，更加复杂，更加冲动，更容易因感动而落泪。”她们的哲学不是理智，而是感性。所以通过闺蜜的直觉找到个人定位，在私域流量这个领域里，确实是可行有效的。

更为重要的是，我们探寻的自我，往往是统一的整体。闺蜜对你的直觉，更像是完整的你。有时候，理性拆分反而不是好方法。一天，你在路边看到一只小猫，你觉得很可爱，让你爱心涌动。可要是我问你，这只猫为什么可爱？其实你很难回答。你很难通过分解可爱的元素说明你为什么喜爱它。而闺蜜对你的整体印象，有助于你探寻完整的自我。

2019 年，“我不要你觉得，我要我觉得”这个梗红遍网络。这种霸道式的语气，成为典型的反面案例。反思这个梗，延伸在三个闺蜜定位法里，就是“我不要我觉得，我要闺蜜觉得”，这样就恰当多了。

如何借助三个闺蜜定位法找到定位

三个闺蜜定位法是可行的，那你如何可以通过三个闺蜜定位法来找到自己的核心定位呢？

这个方法简单易行。你可以和你闺蜜沟通时问她这个问题：“你在买什么商品或者服务的时候，会想听听我的建议？”通过她们的回答，提炼出自己的定位。

不过，问题虽然简单，但需要注意沟通方式。不同的沟通方式，会导致闺蜜的回答不真实。我们来看看面对面沟通、微信沟通、电话沟通哪个更好。

面对面沟通，是有弊端的。中国素来有礼仪之邦的称呼，我们在评价他人的时候，会尤为在意他人的感受。这就像你当面寻求帮忙的时候，会碰到“好的好的”的回答却不了了之的情况。我们这种碍于情面的处事方式，会让闺蜜在当面回答你“买什么商品或服务会想到咨询你”时，会选择一个听过去更舒服的答案以维护关系，而不是她的第一直觉。

而微信则是异步沟通工具，所谓异步沟通，就是你们的沟通不是实时同步进行的。闺蜜看到你微信问题后，她有着充分的时间进行思考。这种充分的思考，会弱化她的直觉。她试图找到更理性的理由，来告诉你买什么商品或服务会想起咨询你。所以微信沟通，也容易因过度思考而不真实。

在我们常用的三种沟通方式里，电话是最合适的三个闺蜜定位法的沟通方式。首先你们之间存在一定的距离，闺蜜不用太在意面对面沟通时的礼仪。其次闺蜜需要在电话里马上回答你的问题，不会像微信沟通那样过度思考。最后，你还可以通过闺蜜的语气进行判断，她的回答是不假思索的，还是犹豫不决的。

你还要注意，在询问闺蜜的时候，切记要客观自然地表述自己的问题。你的问题本身不能有倾向性，你不经意流露的语气也不能有倾向性，否则闺蜜容易被你的倾向性所误导。所以在提问内容和语气上，需要事先打好草稿，防止随意提问而影响闺蜜的潜意识。

而提问的问题，可以是开放式的问题，例如“你在买什么商品或者服务的时候，会想听听我的建议？”就是典型的开放式问题。提问没有预设答案的开放式问题，其好处在于你可能会听到一些意想不到的回答。就像丽儿姐意想不到闺蜜小米的回答，买护肤品会想咨询她的建议一样。

其不足是可能你得到的信息会过于分散。我曾在一次沙龙活动中，让 10 位私域流量从业者用开放式问题现场电话咨询闺蜜。其中一位说，她闺蜜告诉她，在买昂贵商品时，会想到咨询她的建议。可昂贵商品是一个很抽象的概念，只能代表购买昂贵商品是需要深度决策的购买行为。能否从这样抽象的回答里提炼出你的定位，是开放式问题带来的挑战。

相对开放式问题，你在初步分析自我后，还可以根据心智列表，给出选择性的问题。操作方式如下：

第一步，打电话给你闺蜜，话术参考如下：“HI，亲爱的。做个调查，你是买化妆品时会想问问我，还是买厨房用品会想问我？”

第二步，留意闺蜜的说话语气，注意是不假思索的，还是犹豫不决的。

第三步，咨询闺蜜有没有想买其他商品或者服务时会想起你。

第四步，在下列表格中记录闺蜜的反馈。

	分类选择	语气
她的反馈：	厨房用品	肯定
其他补充：		
我的定位提炼：		

最后的工作，就是根据闺蜜们的回答，来提炼你的定位，以下是三种常见的情况：

- 闺蜜们观点基本一致。
- 闺蜜们观点完全不一致。
- 超乎你意料之外的观点。

闺蜜们观点基本一致的情况，是我们最乐意看到的情况。这表明无意中，你已经具备鲜明的特点，展露出自己的擅长领域。萌小乐，典型爱玩的“95 后”，射手座的她常常放飞自我，兴趣广泛。每样新鲜事物都接触一下，但谈不上精通。在她思考定位的时候，自然找不到方向。可有趣的是，当她打电话给她三个闺蜜，咨询购买什么产品或者服务会想起她的时候，得到的回答竟然出奇的一致：“不知道用哪款拍照软件的时候，会想问问她，都觉得她推荐的肯定靠谱。”

原来，萌小乐爱玩，也爱分享照片。闺蜜们都知道，她肯定不是那种潜心研究摄影技术的人。但萌小乐朋友圈发出来的照片，借助简单的特效，都特别有意境。闺蜜们都认为这肯定是拍照软件处理的。萌小乐仔细一想，也确实如此。自己爱玩，特别喜欢尝试新的拍照软件，有趣的特效都会试一试。久而久之，对拍照软件的使用确实了如指掌。看似找不到方向的萌小乐，终于借助三个闺蜜定位法，找到了自己的定位："沙雕摄影大师姐"。

闺蜜们观点完全不一致的情况，应该是最复杂的。没有方向的你虽然有了三个方向，但就像在十字路口，原地转了个圈，还是在十字路口。叶小晴在采用三个闺蜜定位法的时候，就碰到了这样的情况。三个闺蜜分别给出了"口红""新奇特零食""衣服"的观点。这三个观点风马牛不相及，毫无交集可言。看着无奈的叶小晴，我说："有两个方法可以帮助你。一呢，你多咨询几个闺蜜，看看有没有交集。二呢，你去淘宝上，从口红、零食、衣服三个品类里，挑选出你觉得不错的，推荐给你的闺蜜，看看她们是否真的会买。"后来，这个有趣的实验得到了验证，叶小晴推荐一款带些时尚感的旗袍成功了。而时尚旗袍小达人，很可能就是叶小晴的初始核心定位。

超乎你意料之外的观点，是否应该被采纳，这需要你把这个观点多咨询几个闺蜜。如果闺蜜们是认可的，那证明之前我们对自我认知存在偏差。你要重新审视的是，哪个才是更真实的自己，或者说，哪个才是你更愿意活成的样子。这也是三个闺蜜定位法的伟大之处。你可以以闺蜜为镜，重新审视自己。

现在，拿起纸笔，列出三个闺蜜的名字，写下你的问题，拨打电话吧！

3.2　成交倒推定位法

在我打交道的众多小 IP 中，也遇见一些自我定位非常不错的。其中有一位叫“锅姐莉莉”的宝妈，让我印象非常深刻。当我问她是如何想到给自己“锅姐”这个定位头衔的，她说这是因为在她分享的众多商品里，不粘锅销量是最大的。而且，她通过私域流量销售商品，也是源于一口不粘锅。接着她开始跟我聊起她的故事。

2018 年 3 月的一天，莉莉在好友的推荐，购买了一口不粘锅。莉莉觉得这口锅特别好用，轻巧易清洗，感觉自己炒菜做饭轻松了很多。在好友的鼓励下，她抱着试试看的心态，开始分享销售这个电商平台的商品。平台上商品非常丰富，从生活用品到化妆护肤，从进口食品到油盐酱醋，她都会分享。不过莉莉逐渐发现，她推荐不粘锅，成功率是最高的。有一天，她在朋友圈发了 9 张用不粘锅做辣子鸡的照片，一天竟然销售出去 80 口不粘锅。

可能有人觉得不粘锅是耐耗品，复购率低，但对莉莉来说，推荐不粘锅得心应手，并且几乎不用处理售后问题。三个月后她发现，虽然平台有非常多的商品，但是她推荐不粘锅是最容易成交的，占比高达 80%！她干脆就给自己做了定位：最懂不粘锅的宝妈，改名“锅姐莉莉”。

成交倒推定位法概念

> 成交倒推定位法，指的是通过分析以往的成交数据，锁定成交效率最高的品类，成为自己的定位来源。

在成交倒推定位法里，最重要的关键词是“成交效率”，其计算公式为：

成交效率 = 销量 ÷ 时间

这看似是一个公式，实际上并不是数学题。直白地说就是，花同样的时间，带来更高销量的品类可以成为定位来源，而不是只依赖于销量一个维度。时间多少，销量高低，可以组合 4 种情况。

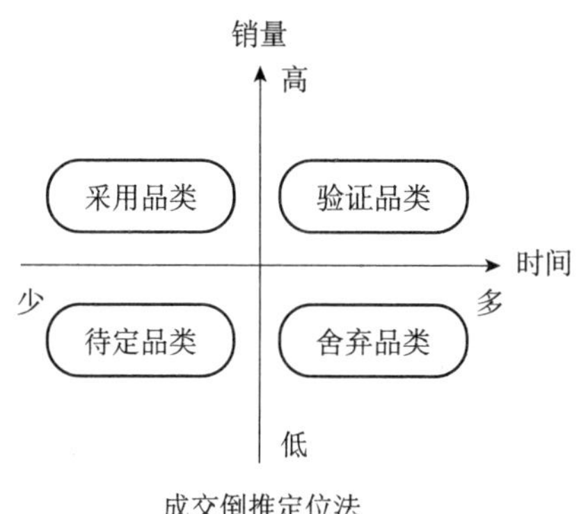

成交倒推定位法

这张图可以更清晰地告诉我们，成交倒推法，并不是单纯的销量倒推法。在这 4 种情况里，你花费时间少，销量高的品类，可以直接作为你的定位来源。而有些品类虽然销量高，但花费的时间也多，这就需要再验证。反之，虽然有些品类销量低，但是你并没有花多少时间，这里也可能存在发展空间。

成交倒推定位法是一种基于数据验证的分析思维，也可能是最快速的小 IP 定位法。它让你在分析自身优势的时候，通过找到成交效率高的品类，更准确地告诉你，你所擅长销售的品类。

你是不是属于看到数据就头疼的人？不用担心。成交倒推定位法，虽然需要分析一些数据，不过特别简单，同样适合擅长感性思维的女性。通过本节学习，哪怕是擅长右脑思考的你，也可以轻松掌握这个方法，找到自己的定位。

成交倒推定位法的优势

成交倒推定位法，是一种数据验证方法。成交数据是一种客观存在，是不会骗人的。通过合理的分析解读，成交数据可以帮助我们验证真正擅长的销售品类。

在和小 IP 们沟通时发现，有些人对销售品类的选择是经过理性分析的，他们会事先判断自己是否应该主推这款商品。而有些人并没有进行分析，只是随机地凭借直觉选择商品。无论如何，这两种情况，经过一段时间销售后，都可以凭借成交数据，帮助我们找到定位。

我们来看下这两种情况。

验证预判

有些小 IP，理性分析能力还不错，喜欢深度思考，谨慎行事。比如星座里的金牛座、摩羯座，会在销售商品之前，理性地分析各类商品的优劣势，从而找到自己的主推款。那么在经过一段时间的销售后，可以通过销售数据，来验证之前的预判是否准确。

鹿小婷，一位“90 后”，典型的摩羯座。她分析各个品类后觉得，化妆品利润高、复购多，值得多花些时间推广。在坚持一段时间后，她的各项销售数据如下：

品类	销售占比	时间占比
化妆品	30%	60%
美食	25%	20%
家居	10%	10%
其他	35%	10%

在鹿小婷推荐成功的商品里，化妆品的销售占比确实是最高的，那这能否验证她预判的化妆品是她的主推品类，成为她的定位来源呢？不一定。因为这 30% 的销售占比，花费了她 60% 的时间。而美食 25% 的占比虽然排第二，却只花了她 20% 的时间。这样分析起来，鹿小婷完全可以朝着美食达人的定位方向，去打磨自己的核心定位。

可能有人会问，那鹿小婷用了 10% 的时间，在“其他”这一项里，有 35% 的销售占比，是不是应该再分析分析。一般来说，“其他”说明组成的品类特别杂乱，很难理出聚焦的品类，所以也就很难成为定位的方向。

验证潜意识

相比理性分析的小 IP 们，在女性居多的私域流量领域里，许多人在分享商品时，更属于随机看心情的状态。这种更依赖于潜意识的行为，在寻找定位时变得尤为困难。不过借助成交倒推定位法，通过事实数据验证，就可以找到自己的定位。

耶鲁大学心理学家约翰·巴格的早期研究指出，人们做的很多事情背后的动机都是自身不能察觉的，而依赖于潜意识的决策。

因为牙齿问题，我经常和牙科医生打交道。在接触过十多位牙科医生后，一位叫王辉的医生成了我固定的牙科医生。有人问我："你为什么总是找他啊？""这肯定是因为他技术好了。"我很自信地回答。有趣的是，在学习了关于潜意识的知识后，我发现可能我真正喜欢他的原因，不一定是因为他技术有多厉害，而是因为他会在我看牙的时候说些安慰的话，给我很安心的感觉。而不像其他牙科医生，动不动就跟我说，这牙坏得有多严重，还拿镜子照给我看，吓得我心惊肉跳。

像锅姐莉莉，她觉得不粘锅卖得好是因为质量。但极有可能的是，粉丝好友可能喜欢的是她散发出来的那种喜欢做菜的感觉，被这种喜欢做菜的热情所感染。粉丝好友的潜意识认为，买了这口锅，用这口锅做菜，自己也会变得像锅姐莉莉一样快乐。

所以成交倒推定位法，验证了我们的潜意识行为。我们可以不探究竟，只从结果倒推，确定自己的小 IP 定位。

利用成交倒推法四步找到定位

通过下面四步操作，可以帮助你找到自己的定位。

（1）在成交统计表里写下商品销售占比。

成交统计表

品类	销售占比	时间占比

（2）在销售占比旁写下大致的时间占比。

（3）在纸上画出时间轴和销量轴，把品类写到对应的象限里。

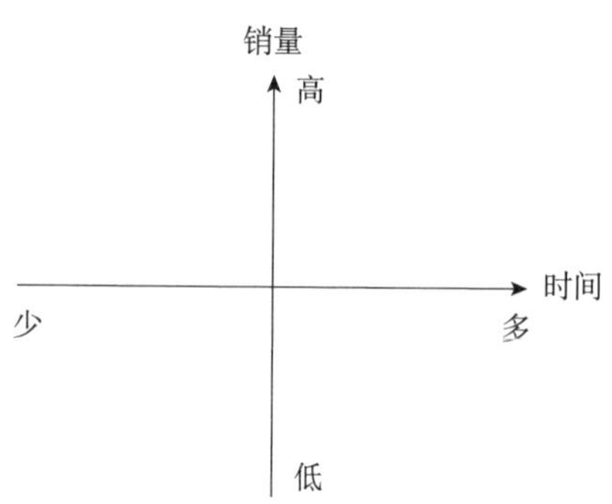

（4）匹配心智，提炼定位。

例如，于小花，特别喜欢用数据来做自我定位的校准，因为她觉得数据比较客观地反映出她的长处。打造私域流量分享商品 6 个月时间，她列出自己这 6 个月商品的成交比例。

品类	销售占比	时间占比
护肤品	50%	50%
保健品	10%	15%
美食	15%	15%
小家电	10%	10%
其他	15%	10%

毫无疑问地，护肤品，落在“采用品类”这个象限里。护肤达人，就成了于小花的核心定位。在考虑到这个核心定位后，于小花进一步复盘分析为什么她护肤商品推荐更容易成功。她总结

出一个重要原因是：她更擅长使用顾客见证的方式。于小花善于收集粉丝好友的反馈，不断地把反馈分享出去，有效地利用了从众心理："这么多人用了都说好，那肯定是好用的，而且应该各类肤质都适合。"

于小花灵机一动，把自己的定位细化为：客户好评 100% 的护肤达人。让数据成为她的信用背书。这样的定位和背书，大大增强了她的影响力。虽然于小花一开始直觉判断自己在护肤领域应该表现不错，但通过成交数据验证，让她变得更加自信。每一次分享护肤品成功，都提升了她的自信心。越成功，越自信；越自信，越成功。

注意事项

如果你刚开始打造私域流量，成交数据较少，你可以把成交倒推定位法和三个闺蜜定位法相互结合。

我们还要注意，特殊时间对我们数据的影响。例如，你选取一个月的数据来做参考，而在这个月内，有两个品类促销力度很大，销量暴增，这就会让你的数据产生偏差。还有一种情况，有些商品销量季节性变化明显，或者受到节假日影响很大，你就需要去除这些特殊时间产生的销量数据，免得给你带来错误的判断。

如果想要做得更细致一些，我们还可以留意成交数据，是已有粉丝好友复购占比高，还是新加的粉丝好友购买多，这也有助于我们优化自己的定位。

3.3 职业技能定位法

“每一段经历都为你的下一步做了铺垫，只是你不知道下一步是什么。”

——星巴克董事会主席 霍华德·舒尔茨

陈小菲是一家服装类电子商务公司的客服。每天的工作内容，就是为各类顾客处理售后问题。她觉得自己的工作特别普通，平时在与伙伴们聊天交流的时候，总显得不太自信。

闺蜜小蕊受邀参加一次高端女性沙龙活动，需要一个女伴，邀请陈小菲一起前往。在沙龙活动里，女士们聚在一起天南地北地交流着。陈小菲就坐在旁边听着，偶尔抿一口果汁，点点头。话题无意中转到了网购衣服的麻烦事。有抱怨买来不合身的，有人抱怨实物和图片相差甚远的，有抱怨质量太差的。这时有人问道：“我的皮肤偏黄，配什么颜色的衣服会显白呢？”陈小菲想到工作中处理的售后问题中，一些退换货的顾客常说的理由就是，自己皮肤偏黄，收到衣服试穿了以后，感觉颜色不适合自己，最常见的是裸色、紫色等。而白色、黑色、红色就不太因为顾客皮肤偏黄而退货。她下意识地说了这个情况，突然间她就成了焦点，大家纷纷侧过脸，微笑着看着她，饶有兴趣地问她关于服装搭配的问题。

陈小菲突然发现，原来工作给她带来的收获，远比她想象的要多。就像俗话说的“三人行必有我师焉”，再平凡的工作，都能锻炼你的技能，它是超乎你想象的。只要你善于分析提炼，就可以成为你的定位来源。

职业技能定位法概念

> 职业技能定位法，通过分析自己以往的工作经历，提炼自己在工作中所培养的优势技能，从而成为自己的定位。

无论你是否喜欢工作，不可否认的是，你人生绝大多数时间都在工作上。一份工作，它不仅仅给你的是一份养家糊口的薪水，它更像是雕刻家，通过日复一日地雕琢，在你身上留下深深的痕迹。

你擅长的能力，往往来自你的工作。有些人对工作带给自己的技能是清晰的，很容易找到自己的定位；而有些人是模糊的，但只要通过发掘，稍加提炼，也能成为很优秀的定位。所以一份工作对你的影响不仅是物质和前途的变化，更会影响你最终会成为一个什么样的人。

更重要的是，职业背景是你高度的信用背书。我们的定位，是需用信用背书的。信用背书回答的问题是“为什么我要相信你是这样的小 IP？”

“我为什么要信任你分享的教育产品？”“因为我曾是知名小学的老师。”

“我为什么要信任你分享的不粘锅？”“因为我曾是五星级酒店的厨师。”

“我为什么要信任你分享的保健品？”“因为我曾是三甲医院的医生。”

这些问答是不是感到颇有些霸气总裁般的简单直接、粗暴有力、不容反驳？这就是职业技能定位法带来的好处。

接下来我们看看一些主流的职业背景，是如何提炼成为小 IP 定位的。

摄影师背景

白哥，其工作是影楼的摄影师。身高 181 厘米，硬朗的脸庞，给人高大帅气的感觉。他组建了微信群，传授拍摄照片与视频的技巧和方法，快速获得了大量的女性粉丝好友的青睐。白哥也经常组织摄影沙龙，为粉丝好友拍摄美照。

不过纳闷的是，看过去热热闹闹的微信群和朋友圈，就是无法带货，商品销售情况不容乐观。白哥百思不得其解，无奈之下，邀请我帮忙诊断问题。我发现，他的摄影照片让人关注的是人物而非商品。虽然这些人物拿着商品，但商品非常容易被忽略。给我的感觉是这照片上的人挺好看的，但不知道这商品到底有什么用。

白哥得到反馈后，及时调整了重心。摄影时更凸显商品本身的卖点，还取了个定位头衔**"商品卖点展现师"**。通过摄影作品告诉粉丝好友，这个商品最大的卖点是什么，我们应该如何通过摄影去体现它的卖点。不仅教会了粉丝好友如何摄影，还深度展现了商品。社群销量自然就上去了。

> **提炼：**摄影工作经历带给你的，在于照片视频的展现力；但是照片视频展现方式多种多样，一味追求美学可能舍本逐末。重心应该聚焦对商品的展现力上，从而带动销售。

线下销售背景

叶美美是一名保健品销售。在组建微信群打造私域流量的时候，和群友互动总找不到方法。每次话题发出去，哪怕是近期最火的话题，回应者寥寥无几。她在深度分析自己的销售经历后，回忆起销售公司经常会树立榜样，借助榜样标杆激励员工。而她也曾获得过全国的销售冠军。那为何不舍弃毫无反馈的话题，转到传授销售方法上来呢？

于是叶美美把当年获得冠军的奖杯照片发到群里，讲述了当年销售的不易，拿到第一笔订单的喜悦，话题也转为销售经验的分享。这样的定位，充分调动了社群的活跃度。大家都希望叶美美可以把她的销售经验与成交心得分享给她们，结合分享的商品，教她们如何做好分享销售工作。

叶美美还借鉴了之前销售活动常见的线下小沙龙，定期组织社群的核心好友，定期见面交流，加深社群凝聚力。

提炼： 变现能力，是小 IP 的重要特征。有销售经历的你，定位在擅长销售的领头羊是可行的。通过多年的销售经验积累的快速成交能力，可以帮助粉丝好友成长，从而产生更多的分享销售。粉丝好友成交越多，信心越足，对你也就越崇拜。自然，你的小 IP 影响力提升也就越快。

行政背景

徐小池曾经是一个科技公司的行政人员。平时工作就是根据领导的工作指示，按时完成，包括一些突发事件的快速处理。几年下来，她觉得自己应该离开朝九晚五的工作环境，给自己人生更多的一点可能性。

对徐小池来说，打造私域流量，一开始难度是很大的。由于多年工作环境相对比较单一，她在群里互动的内容，话题性较弱，朋友圈的内容也比较平实，点赞评论的好友都不多。她在深度分析自己的能力后，发现自己擅长组织小聚会，通过线下沙龙让微信好友们认可自己，从而提升在私域社群里的影响力。

从场地预订到朋友邀约，从沙龙规划到接待细节，从商品摆放到随手礼安排，徐小池熟门熟路，做到极致，来参加聚会活动的朋友们好评不断。而沙龙活动的照片与话题，很好地带动了微信群和朋友圈的互动，从另一个角度提升了徐小池的影响力。**徐小池俨然成为了一名务实靠谱的小沙龙达人。**

> **提炼：**行政工作，看似平淡无奇，但实际上，特别锻炼人的执行能力。有条不紊和高效率的执行能力只要稍加演变，就能产生非常好的效果。把你的执行能力用到线下的小沙龙上积累人气，再带动线上私域流量就是一个好方法。

客服背景

雨池是一位通信公司的普通客服。平时接触的问题五花八门，谈不上工作经历带来的行业专业知识。她接触私域流量的时候，无论是文字拍照还是社群管理，都不擅长，总找不到方法。

一个月后，雨池想放弃了，当她把想放弃的想法告诉几位好友时，想不到的是，好友们都在鼓励她。因为她们觉得雨池每次回答咨询，都非常非常有耐心，让她们觉得这是一位值得深交的朋友。哪怕不是商品相关的问题，也特别想找她谈谈天、散散心。

雨池突然明白，原来她曾经的客服工作，带给她最大的优势，就是服务意识好，沟通很有耐心。所以她把"善于服务"作为自己的定位来源，加强一对一的微信沟通，提升了自己的影响力。

> **提炼：**客服的工作经历，一般可以带来两种能力，一是对行业售后问题的深度了解，熟知产品使用后的问题，有点像俗话所说："成功的经验各有不同，失败的情况总惊奇得相似。"平时只要对售后问题稍加留意，日积月累，你甚至能成为这个行业的专家。第二种情况是，客服经历锻炼了服务意识，这恰恰是这个时代难能可贵的能力。**强化自己的服务意识，也是差异化定位的好方式。**

文案背景

娇姐曾经是一名知名广告公司的文案。原以为，自己这个文案达人，打造私域流量是水到渠成的事情。不过奇怪的是，她辛辛苦苦，使出十八般武艺写的文案，发到朋友圈后，点赞评论的人挺少的。

这个问题困扰了娇姐很长一段时间，碍于内心的骄傲，让她不好意思咨询好友为什么会这样。直到有一天，一位粉丝好友主动问她："娇姐，为什么你的朋友圈文案总是这么长啊？"她才突然顿悟，原来广告公司的文案虽然高级，不过是侧重书面语的长文案。大家在微信上的时间相对比较碎片，不会细读完一篇长文案，也不太会细品文章内的亮点。

于是，娇姐把风格调整为更口语化的短文案。这样简单的转变，不仅让她自己更轻松了，还让她写出来的各种文案，像商品文案、海报文案、活动文案，都被粉丝好友津津乐道，纷纷转发。从此，**擅长私域流量的短文案，就成为了娇姐的核心定位。**

> **提炼：**在互联网分享经济里，写文案技能是深受欢迎的。与传统文案风格相比，私域流量里的文案风格更偏重口语化的短内容。微信之父张小龙在 2020 年年初的时候说："微信的短内容一直是我们要发力的方向。"这

> 就对你提出了新的要求：减少长篇大论，不写书面语，采用口语化的表达，三言两语就可以把事情说清楚，引起粉丝好友的兴趣。看似都是文案达人的定位，“短文案达人”要比“传统文案达人”更适合私域流量领域。

设计师背景

晓彤，离职之前，是一家电商公司的设计师。用她自己的话来说，自己就是网络上常说的“设计狗”，实在是太忙了。每天早上坐下来，泡杯红茶，从打开电脑开始，会接到一张接一张的海报设计需求，午饭时也是在电脑前度过的，等起身的时候，天已经黑了。遇上节日促销，更是经常加班到晚上 10 点。

考虑再三，晓彤决定离职修养一段时间。在这期间，她抱着玩玩的心态进入私域电商。由于她的设计师经历，海报就是她展现小 IP 的载体。每一张海报都特别吸睛，深受粉丝好友喜欢，每张必转。没多久，她被粉丝好友封为“海报公主”。

不仅如此，晓彤还教大家如何通过手机 App 做出精美的海报。她告诉大家，一张手机屏大小的海报，文字、色彩、排版、布局都需要考虑进去。“海报思维”更是让人们聚焦核心，摒弃繁缛的重要思维。

> **提炼：**精通海报制作，是设计师背景的小 IP 们应该重点关注的方向。一张卓越的海报，是极其具有穿透力的。通过文字元素与图片元素的完美展现，直击粉丝好友的内心。此外，对于你的粉丝好友而言，海报制作还是必备的技能，这会让你的能力成为刚需。再加上“海报思维”的高度，让你的小 IP 有着导师般的影响力。

美妆护肤类微营销背景

图拉，典型的“95 后”网红美女，互联网的原住民。天生丽质的她，通过微信分享销售一些美妆类产品。由于她特别擅长发圈种草[①]，获得了近千名粉丝好友的青睐。

可是，图拉最近遇到了瓶颈。现在与她类似的网红实在是太多了。虽然化妆后的她更好看一些，但前后对比并不明显，而她又很难化出对比强烈的风格。再加上对化妆品的认知，还处于略懂皮毛的阶段，导致她一下子觉得自己特别平庸，不知道应该如何提升自己的影响力。

① 注：种草，网络流行语，表示分享推荐某一商品的优秀品质，以激发他人购买欲望的行为，或自己根据外界信息，对某事物产生体验或拥有的欲望的过程。

直到她听了我的定位课，得知需要聚焦在细分品类，让自己更有深度的时候，她顿悟了。她开始深度研究口红，看遍李佳琦的所有视频，**推荐适合“95 后”女孩子使用的各种口红**。图拉的定位变得清晰起来，再加上她懂得通过微营销来推广自己，迅速扩大了影响力。

> **提炼：**许多有微营销经历的人，特别喜欢把自己打造成美妆达人、护肤达人。随着这类人群的增加，美妆护肤达人竞争已是红海一片。但实际上，虽然你有一定的微营销经验，但对美妆护肤的理解不够深入，只有让自己聚焦在更细分的品类，加深对细分品类的理解，才可能在粉丝好友的心智中占有一席之地。

人事管理背景

小湖湖有着多年的人事管理经验。从入职沟通到离职留人，她都有自己独到的一面。她擅长挖掘人才。除了通过招聘网站，她还会利用各种渠道，如专业人士所在的微信群，去获得所需人才的信息。一旦发现合适的人才，便会想尽办法邀约面试。

与其他小 IP 们不同的是，小湖湖的小 IP 定位，有点像猎头的角色。她会从团队建设的角度出发，想方设法找到社群需要的人，邀请加入社群，共同打造私域流量。近期短视频特别火，其他小 IP 们想的是自己去学习短视频，再去教会社群成员。而小湖湖的做法是寻找拥有一两万粉丝的抖音小达人，邀请这样的小达人加入社群，指导其他粉丝好友拍摄短视频。

小湖湖凭借着猎头的眼光，领袖的气质，因材施用的分工协作能力，帮助了粉丝好友快速成长，大大加强了整个私域社群的实力。

> **提炼：**人事管理经历的你可能并不擅长种草，但你的组织协调能力很强。一旦你的组织管理能力得到社群认可，往往有成为领袖的潜质。

医生背景

陈敏离职之前，是一家二甲医院的妇产科医生。为了照顾年迈老人和两个孩子，她牺牲了事业，离职在家，成为了全职宝妈。

当她刚开始分享销售商品的时候，内心总是放不下过去的自己，刻意隐藏了自己十二年的妇产科医生经历。我们知道，医生这个职业是专业程度非常高的。就像每一枚硬币都有正反面，陈敏的专业能力是过硬的，但她的其他技能完全就是盲区。

因此，陈敏刚进入私域电商的时候，举步维艰。大家不知道她以前是医生，又觉得陈敏其他能力太普通，自然不会对她产生信任。直到她学习了我的小 IP 定位课程，在我的鼓励下，展示了自己的医生经历，强调自己是女性健康方面的专家。这个定位非常有效，当她在分享健康保健类产品时，能从医学的角度专业解读，特别具有说服力。

提炼：医生、护士的专业程度是毋庸置疑的。在分享保健保养品类时，如果你有着医生、护士工作经历的背书，就特别具有说服力，这是其他工作背景无法取代的独特优势。

教师背景

王元元从事过 3 年幼儿教师职业。她不仅熟悉儿童教育的“健康、语言、社会、科学、艺术”五大领域，还擅长教书育人。所以她觉得自己不仅可以成为科学育儿的小 IP，还可以成为帮助女性成长的导师。

这样的定位，导致她每次在自我介绍的时候，显得格外吃力，既要显示在育儿方面的影响力，还要突出在女性成长方面的领导力。洋洋洒洒的一堆介绍看似不错，可实际上却让人印象不深。当我告诉她最好选择一项的时候，她显得犹豫不决，难以取舍。

三个月后，我在一个微信群里，再次遇见了王元元。还是同样的介绍，还是寥寥无几的掌声。三个月的时间，她的影响力，似乎没有任何提升。当她分享完后，我在群里问了一句："请问，多元智能讲的每个孩子至少有一项优势智能，应该怎样理解这句话？"王元元从孩子发展的各个角度阐述了寻找孩子优势智能的重要性，引起了群友的热烈反响。

当晚，她私信我说，有些后悔，她当初就应该聚焦在科学育儿这一个方向上。

> **提炼：**教师工作经历，锻炼了教育能力、演讲能力、沟通能力，还培养了特殊领域的专业知识，例如育儿教育、职业教育。这些都可以成为你的小 IP 定位来源。而且教师背景会给你带来天然的信任感，也是强有力的信用背书。但一定要注意的是，需要聚焦在最擅长的一项上，面面俱到反而起不到作用。

财务背景

小天是一家大型超市的财务人员。生于 1988 年，巨蟹座，细心且持家有道。多年的超市财务经历，让她对促销商品的价格变动尤为敏感。平时她在网购的时候，总能发现多数人发现不了的促销信息，还能辨别哪些是真优惠，哪些是假促销。

她进入私域电商分享好物，纯粹就是因为有些商品价格真的是太优惠了。逐渐地，在她的圈子里，流传出这么一句话："想省钱，找小天。"更厉害的是，小天还可以细致明确地告诉你，这商品比正常销售价具体便宜了多少钱。虽然有时候可能只有一两元的优惠，但朋友们都感受到了她的细心，觉得她特别靠谱。

> **提炼：** 信任是小 IP 的基石。财务工作，长期与金钱数字打交道，无论是从省钱的角度，还是从理财的角度，财务工作者都是有一定说服力的。强化自己擅于省钱，擅于理财，是财务工作者比较好的定位方向。而在平时分享过程中，列举一些数字，是帮助财务背景的你提升信任的有效方式。

服务类实体店背景

曾琴，以前大家都喊她"牛肉西施"，因为她开过一家主营牛肉为主的餐饮店。后来由于房租的持续上涨，互联网外卖平台的冲击，她不得已关闭了经营五年的店。

一个偶然的机会，曾琴得知以前合作得不错的一个牛肉品牌，上了一家私域电商平台。抱着试试看的心理，她开始了第一次分享，发了关于牛肉的第一个朋友圈。没想到的是，她微信里的那些老顾客，纷纷找她下单。收到牛肉后，老顾客们还咨询她，牛肉应该怎么做才有她店里的那种味道。

这仿佛是打开了曾琴牛肉事业的另一扇门，曾经的“牛肉西施”又回来了。她索性拉了一个微信群，每天在群里分享牛肉知识，教大家烹饪方法。顾客们纷纷晒图，热闹非凡。自然，“牛肉西施”推荐的每一款牛肉商品都获得了热卖。

提炼：服务类实体店，例如餐饮、美容、健身行业，都有着自身独特的优势。在实体店从业的你实实在在与人面对面打交道，对进店顾客更为了解。顾客也能充分感知你的专业能力，彼此之间更容易熟悉和信任。

工作经历对我们的影响是不言而喻的。一定要善于提炼每一段职业经历带来的优势技能，这不仅是你定位的来源，更是你强有力的信用背书。

3.4　兴趣爱好定位法

2020 年 1 月，我自驾专程来到苏州金鸡湖旁的诚品书店。毫无目的地漫步在偌大的书店里，随意翻翻熟悉的分类，抑或探索未知的领域，这是一种享受。

在诚品书店三楼入口的推荐书籍堆中，一本黑色封面的《有毒》深深吸引住了我。拿起书，我在咖啡吧里找了个座位点了杯咖啡，饶有兴趣地阅读着。书中一段话引起了我的注意："布赖恩·弗里，昆士兰大学毒素演化实验室负责人，知名毒素科学家。他走遍世界，捕捉各种各样的有毒动物，提取它们的毒素，从一切可能的角度研究这些东西。他一共被 26 条毒蛇咬过，骨折过 23 次，还感受过 3 条魟鱼、2 条蜈蚣和 1 只蝎子的螫刺。"而这一切，全是因为毒素令布赖恩·弗里着迷。他对这些危险而致命的有毒物种似乎有着天生的兴趣。

毒物，我们避之不及。而布赖恩却对它们产生了浓厚的兴趣，想尽各种办法去靠近它们，研究它们，成为毒素领域的大神级人物。"毒素科学家"布赖恩，这个头衔深深地印在了我的脑海中，无法忘却。

正当我沉浸在布赖恩的事迹中时，旁边传来了一位女生的声音。“这是本关于内向心理的书，核心意思就是鼓励内向的人，低调安静反而是一种优势，只要善于利用，在沟通中可以发挥巨大的影响力。”我抬起头看了看她：一位“90 后”的女性。出于工作的敏感度，我问了句：“你是不是有个读书会？”

话题就这么小声地谈论起来。她叫林菲儿，苏州人，喜欢阅读。周末闲暇时光，喜欢独自待在诚品书店，喝着咖啡翻翻书。由于内心的热爱，经过这十多年的积累，她阅读量极大，女性喜欢的书籍都有涉及。她还喜欢在微信群，把最近读的书结合自己的感受，语音分享给大家听。通过分享自己的读书心得，林菲儿找到了极大的成就感和愉悦感。无意间，林菲儿打造了一个基于女性读书分享的私域流量池。她现在已经有 5 个“菲儿读书会”微信群，近 5000 名微信好友了。

无论是“毒素科学家”布赖恩，还是“菲儿读书会”创始人林菲儿，他们都是从自己真正热爱的兴趣中，找到了持之以恒的动力。倘若我们打造私域流量的定位，可以来自自己的兴趣爱好，这真是莫大的幸福。

兴趣爱好定位法概念

> 兴趣爱好定位法：探寻你真正发自内心的兴趣爱好，如果它与你粉丝好友的心智互为匹配，那么这个兴趣爱好，就可以提炼成为你的定位。

基于兴趣爱好的定位让你更幸福

兴趣爱好定位法，可以让你更幸福。你把最宝贵的时间，出于生计需要，60% 给了工作；出于责任需要，30% 给了家人；而剩下的 10%，能否真正属于你自己，可能决定了你这一生的幸福。通过兴趣爱好找到自己的定位，把打造私域流量和培养兴趣爱好相结合，不仅能让 10% 的时间属于你自己，甚至还能让 60% 的工作时间，也属于你自己，这简直就是你给了自己人生新的机会。

管理思想大师克莱顿·克里斯坦森曾经说过：“如果你能找到一份自己喜爱的工作，就会觉得这一生没有一天在工作。”

樊登读书会的创始人樊登为了“读书”这个兴趣，放弃了央视的工作。在读书中他能找到激情，持续地从读书中获得成就感。分享知识帮助人们走出困境，更让樊登无比快乐。他可以一周跑几个城市的书店，与人们分享书籍知识。有人问他连续奔波是不是很辛苦，他却觉得这是幸福的生活，完全不是辛苦的工作。并且，樊登分享读书，不仅是一种爱好，更是一种天赋。在每次录制读书节目的时候，他的成品率是非常高的，不像其他人经常要中断重新录制。而且他还可以快速抓住每本书的重点与本质，并且与之前读过的相关书籍找到连接点，一起呈现出来。

把自己热爱的“读书”与事业集合起来，不仅让樊登乐此不疲，更让“樊登”与“读书音频”这个品类，在知识爱好者心智中画上了等号。

同样放弃央视工作的凯叔，就把自己的事业定位在给孩子讲故事。在与凯叔的交流中，我深刻感受到他对儿童教育的喜爱。这在他的微信朋友圈里体现得淋漓尽致：“年底一堆奖，这三张最特别。凯叔团队有个梦想，通过自己的努力，拉近教育资源不均衡两端的距离。让山里娃、父母不在身边的留守儿童也能得到良好的启蒙教育、语文教育。”“《凯叔西游记》，我写了 3 年，但策划这套书用了 4 年时间。这 4 年间不断地更换方案，更换画风和画家，最终才找到理想的样子。感谢徐蓉对品质的坚持，感谢田宇画出了我心中的取经人和我爱的妖怪们。孩子，这套书不会辜负你对于《凯叔西游记》的喜爱，不会辜负你的童年。”只有兴趣所在，内心才会这么热爱；只有内心热爱，才会在面对责任和困难时如此从容。

兴趣是一种天赋

你的兴趣，似乎冥冥之中就已经决定了。这像是一种天赋。我们经常会夸一个孩子有天分，比如唱歌好听、智商很高、情商很棒。这种天分我们称为显性天赋。实际上，还有一种不易被发掘的隐性天赋，那就是对某些事物特别感兴趣，使你愿意持续研究它并得到持续的满足感。其他人可能对这事只有三分钟热度，但对你而言，你可以三个月、半年，甚至数十年沉浸在这个事物里，不厌其烦。也就是说，什么事物可以持续地满足你，就是你的隐性天赋。

“天赋”的英文单词是 gift，而 gift 翻译成中文，除了“天赋”含义，另一个意思是“礼物”。因此，天赋就是你最好的礼物。

打造私域流量是一件尤为碎片的事情。你可能在物理空间上无限自由，但在时间上却变得尤为分裂。我问过一名打造私域流量特别优秀的小 IP 陈心儿：“如果你平时累了，是怎么缓解的？”她的回答让我惊讶，“不累啊！我很喜欢这样的生活方式。你不要看我平时会参加一些活动，那纯粹是为了打造小 IP 的需要。绝大多数时间，我特别喜欢宅在家里，用手机和她们聊聊天。困了就睡会儿，睡醒继续聊。”适应或者说是喜爱这样碎片化的沟通方式，是陈心儿的天赋，也是上天给她的礼物。这样的天赋让她不断重复也不会感到枯燥。当其他人遇到困难纷纷放弃的时候，她依然乐此不疲地享受过程。

兴趣爱好，更是社群沟通的桥梁。围绕兴趣建立的网络社群，已经持续了 20 多年。从原来的 BBS 聊天室、豆瓣小组，到现在的 QQ 群、微信群，无不体现着人们基于兴趣的社交需求。正所谓物以类聚，人以群分。兴趣爱好，就是人以群分的主要动力。互联网早期的私域流量萌芽，很可能就源自兴趣爱好。你喜欢宠物，就会有一些宠友；你喜欢越野，就会有一些越野车友；你喜欢读书，就会有一些书友……因此，利用好自己的兴趣天赋，找准定位，你可以快速找到同频的人组建社群，打造私域流量更为轻松。

兴趣让你变专业

相信时间的力量，兴趣可以让你变得专业。“一万小时定律”告诉我们：“人们眼中的天才之所以卓越非凡，并非天资超人一等，而是付出了持续不断的努力。一万个小时的锤炼是任何人从平凡变成大师的必要条件。”因为兴趣所在，你持续投入感兴趣的事物，甚至都感受不到时间的存在。持续获得的满足和愉悦，才会支撑你在一件事物上投入一万小时。不知不觉中，你就成为了大师。

请保持兴趣

再飞行1万小时

我是一个极其没有音乐细胞的人。唱歌毫无节奏感，既记不住歌词，也记不住曲调。要学会一首歌，对我来说实在是太难了。我特别羡慕那些听几遍新歌就能学会的朋友。如果朋友们聚会唱歌，那我一定就是听众。表面风平浪静，内心却波澜起伏，特别想高歌一曲，幻想着赢得满堂掌声。

直到两年前的一次聚会，朋友们都走完了，只剩下两个平时最熟悉的好兄弟。在他们的怂恿下，想想四下无人，我唱了一首 BEYOND 的《海阔天空》。他们两个似乎有点惊讶，说你这歌唱得不错呀！我不好意思地笑了笑。原来，这首歌我听了近 20 年，百听不厌。BEYOND 是我最喜爱的乐队，他们的歌曲从耳熟能详的《海阔天空》，到不为人知的《高温派对》，我反反复复听了上万遍。即使没有音乐天赋，也学会了这些歌曲，只是不敢在朋友们面前唱一次。唱得虽然称不上大师，但大家也尤为满意。这就是时间的力量。

有商业价值的兴趣就是你的风口

风口论是这几年比较流行的话题。总有人告诉我们，要关注趋势，把握风口。实际上，人人都在找的风口，就是你的兴趣爱好。如果你的兴趣爱好可以与商业相互结合，这就是你最有价值的风口。

也就是说，兴趣爱好可以给你带来商业价值，获得收入。我们并不只能从实现自我和金钱中二选一。反而，能给他人带来价值的兴趣爱好，既可以满足你的自我需要，还可以给你带来收入。在私域电商里，如果你根据兴趣爱好做好定位，这二者是完全可以统一的。就像真正优秀的作家，并不是随性而作。他们有着独到的思想和见解，但同时也能感知读者的需求，可以把自己的思想和读者的需求结合起来，让作品具有商业价值。

结合兴趣，五步找到定位

那我们如何根据兴趣爱好定位法，找到自己最幸福的定位呢？经过成百上千次的实践，我总结根据兴趣爱好找到小 IP 定位，可以分为以下五步。

1. 快速写下脑海中闪过的兴趣

例如我的兴趣是：阅读、篮球、美食、王者荣耀。

第一步最重要的就是根据第一直觉写下兴趣。脑海中闪过一个就立马写下来，不要去深度思考和分析，不要反复问自己，这个爱好我到底喜欢不喜欢。真正喜欢热爱的事物，是发自内心的，是深藏在我们潜意识中的。无论何时何地，只要你想到它，你心里就会涌起一股兴奋之情。

2. 与私域流量兴趣列表做匹配

在这纷杂的世界里，兴趣爱好更是形形色色。不过我们想要让兴趣爱好成为自己的小 IP 定位，就需要把兴趣爱好与潜在粉丝的心智相匹配，否则你通过兴趣爱好找到的小 IP 定位，将无法引起粉丝好友的共鸣。

我借助了微博在兴趣分类上的大数据，筛选出符合私域电商用户心智的兴趣列表。

> 符合私域电商用户心智的兴趣列表：
>
> 音乐、电影、运动、养生、摄影、美食、育儿、家居、读书、星座、萌宠、时尚、美妆、旅游、理财、烹饪、手工。

在这里，我常常会碰到一个“意外”：有些人喜欢把“赚钱”作为自己的兴趣爱好。确确实实，赚钱是许多人的原动力，想到赚钱就兴奋。但赚钱是结果，不能成为定位来源。“通过什么来赚钱”才是你的定位所在。

根据兴趣列表，那么我第一步写下的“阅读、篮球、美食、王者荣耀”这四个兴趣爱好中，游戏分类的王者荣耀就可以删除了。篮球虽然属于运动，但在女性为主导的私域流量领域里显然也是不合适的，可以删除。这就剩下“阅读、美食”两个兴趣爱好。

3. 思考哪个兴趣对销售最有帮助

符合商业的兴趣爱好，才是真正有价值的小 IP 定位。我们在列出的兴趣爱好中，需要思考，哪个兴趣爱好对我们销售是最有帮助的。

再看经过第二步筛选后的兴趣列表：“阅读、美食”。美食或者阅读，对我们的销售都有帮助。两者的区别是：美食比较直接，作为资深吃货，我品尝了美食并分享感受，可以直接带动商品销售。而阅读，就比较复杂一些，毕竟我们不是以销售书籍为主要目的的。而阅读带动实物类商品的销售，就会困难一些。但是它可以直接带动知识付费类商品的销售。

因此，虽然二者都是我的兴趣所在，但是分水岭马上就要出来了。

4. 思考这个兴趣能否高频输出素材

高频输出素材内容是维持私域流量活跃的关键。我们每天都需要素材内容去活跃我们的私域社群，需要将内容发布到朋友圈中引起粉丝好友互动。因此，你的兴趣爱好能否持续产生素材是定位的选择标准。

在开设小 IP 定位培训班的时候，我常常会碰到把“旅游”作为自己兴趣爱好定位的同学。虽然，90% 的女性都喜欢旅行，但问题是，你能多久出去旅行一次？在旅行期间，确实有大量的素材内容，有特别漂亮的风景照片，有垂涎欲滴的当地美食。而当你旅行归来之后，你就没有素材可用了。所以说，“旅游”这个兴趣，可以作为核心定位的点缀。除了极少数四海为家的人，“旅游”很难成为最核心的小 IP 定位。

根据这个原则，美食和阅读都是可以高频产生素材内容的。我可以每天发布琳琅满目的美食图片，也可以每天阅读打卡，发布读后感。那这两个兴趣爱好，我又该如何做出选择，成为定位呢？我们来看看第五步。

5. 思考哪个兴趣有更强的信用背书

到了第五步，如果你还有两个以上定位需要做出选择，那你需要重点考虑：哪个兴趣爱好会有更强的信用背书。

“美食”，爱好者极多。如果有两个人把“美食达人”作为自己的定位。其中一位生活在杭州西湖区，只熟知杭州西湖区的美食，对其他区域一无所知。而另一位是米其林试吃员。两人的影响力高下立见。这可能是比较极端的对比，但我想要强调的是，现在，你需要选择一个更有说服力的兴趣。反观我自己，虽然喜欢“美食”，却拿不出什么强有力的信用背书，这俨然不是好的小 IP 定位来源。

而“阅读”对我来说是合适的，我聚焦在知识服务领域，这个领域是需要广阔的知识面的。阅读的这个兴趣，可以强化我“贩卖知识”的影响力。

经过这样的 5 个步骤，根据兴趣爱好提炼出来的定位，才是既符合我们内心的热爱，又具有商业价值的定位。

兔潇潇根据这五步法，找到了“手工提花小达人”作为自己的核心定位。她特别喜欢编织提花。原以为这个兴趣爱好与打造私域流量毫无关系，但经过五步法仔细分析后发现，提花是“家居”的一部分，编织过程可以持续输出内容。在女性社群里，编织是一种天性。而越来越多的女性为了工作和家庭，放弃了这种天性，但从内心来说，她们渴望身边有坚持编织的人。兔潇潇这个定位让粉丝好友们觉得她的生活是温暖的，有着自己时间和空间。结果证明，兔潇潇分享销售家居类商品特别容易成交。

作为最幸福的定位法，兴趣爱好定位法广受欢迎。我相信看到这里，你已经按捺不住内心最原始的渴望，一遍遍去搜寻自己曾经为了工作、为了家庭、为了他人放下的热爱的事物。释放自己，让兴趣爱好成为你的定位吧！

3.5 “第一”定位法

本节的开始，我先问问你几个问题：

“腾讯的创始人是谁？”

“马化腾！”

“腾讯的联合创始人是谁？”

“？？？”

“阿里巴巴的创始人是谁？”

“马云！”

“阿里巴巴创始十八罗汉里你还能说出谁的名字？”

“？？？”

“苹果公司的创始人是谁？”

“乔布斯！”

“苹果公司的联合创始人是谁？”

“？？？”

回答不出“知名公司联合创始人是谁”是人们的常态。事实证明，除非特殊需要，我们只能记住“第一”。就像一句俗语说的:“第二名和最后一名都属于非第一名，人们不会记住他们。”

我在“欧洲硅谷”爱尔兰都柏林就读研究生的时候，常常会路过一家酒厂“GUINNESS”。在中国，我们对 200 多年历史的“健力士黑啤”也许不太熟悉，但提起《吉尼斯世界纪录》，却几乎无人不知。事实上,《吉尼斯世界纪录》就是 GUINNESS 酒厂出版的。

1951 年，GUINNESS 酒厂执行董事 Hugh Beaver 爵士在打猎时 , 与同伴们争论起哪种鸟飞得最快。Hugh Beaver 爵士意识到，人们在酒吧里经常会争论世界上什么最大、最小、最重、最轻。如果有一本书能给这类争论提供答案，既可以帮助人们找到争论的依据，又增加了酒兴，就能卖出更多的 GUINNESS 黑啤。1955 年 8 月 27 日，第一本《吉尼斯纪录大全》诞生，当年即荣登英国畅销书榜首。后来在全球 100 多个国家发售，缔造成为世界上最知名、最被信任的纪录品牌。

与其说《吉尼斯纪录大全》的成功，是 GUINNESS 酒厂的成功，不如说是“第一”的成功。我们天生对“第一”有着强烈的好奇心与探索欲。一旦捕捉到“第一”，就会深深地记住它，从而忽略后面的排名。因此，如果你在一个领域里能成为“第一”，那这会是绝佳的小 IP 定位。

“第一”定位法概念

> “第一”定位法：是以“成为第一”为目的，探寻空白，抢占心智，定位为细分品类或者新品类的代表人物。

我在小 IP 定位的概念里提到，“小 IP 定位就是让你的小 IP 在潜在粉丝的品类心智中做到与众不同。”而“第一”，就是最大的不同。“第一”定位法，就是最“与众不同”的定位方法。

“第一”，包含了两层意思：“第一位”与“第一名”。

“第一位”意味着先入为主。人们容易把未知领域与第一位结合在一起。例如，第一位登上月球的人类成员是尼尔·阿姆斯特朗；第一位发现美洲新大陆的航海家是哥伦布；1995 年张树新在北京创办的瀛海威公司是中国第一家互联网公司；第一位野外求生写实类节目《荒野求生》主持人是贝尔·格里尔斯，等等。当我们发现细分领域出现空白，或者捕捉到新品类时，就有机会以“第一位”的身份快速成为这个领域的小 IP。

“第一名”意味着成就的验证。第一名代表着至高的成就与荣誉。口红直播领域的第一名是“口红一哥”李佳琦；淘宝女性直播里的第一名是“直播一姐”薇娅；中国篮球最具影响力的代表人物是“姚明”，等等。“第一名”对我们的成就有着极高的要求，然而这是可以通过细分去提炼的。例如，在王者荣耀手游里，你玩“李白”这个英雄，如果达不到国服第一，可以争取区域第一。如果李白这个英雄热度太高，竞争过于激烈，你还可以选择像“廉颇”这样相对冷门的英雄，拿到某个区域的第一。“杭州市西湖区第一廉颇”的头衔，也会让人们觉得你就是王者荣耀游戏达人。

“第一”定位法的独特优势

“第一”定位法是具有独特优势的：“第一”是心智占据；“第一”是信用背书；“第一”是聚集资源的标杆。

“第一”是心智占据

成为“第一”是进入心智的捷径。“第一”可以帮助你快速进入心智并且牢牢占据。人们无法记住各个方面都很平庸的“你”，人们只能记住某一方面特别擅长的“你”。而你要做的，就是努力让自己在这一方面成为无可替代的“第一”。

人们的这种心智认知符合幂定律。成功的定位也必然受助于幂定律。幂定律表达的意思是，对一件事情起决定作用的，往往是少数几个因素，其他大部分的因素都无关紧要。

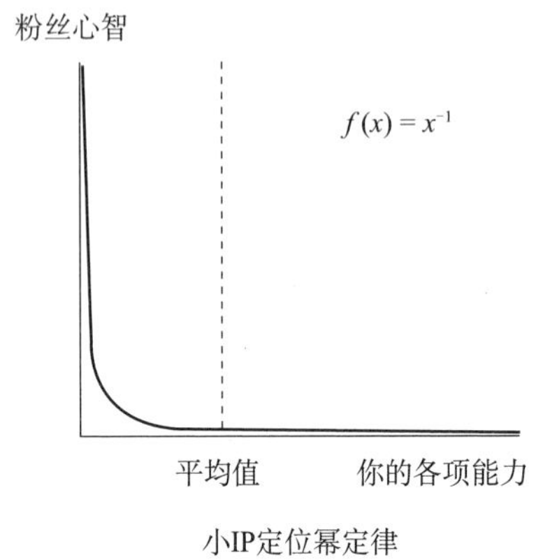

小IP定位幂定律

小 IP 定位的幂定律：如果你有 500 位粉丝好友，你分享美食品类，有 50 人给你点赞；你分享女装品类，有另外 50 人给你点赞；你分享护肤品类，又是其他 50 人给你点赞。这种平均分布，效果远不如你分享美食品类有 120 人给你点赞。哪怕你分享女装、护肤品类没有任何效果，也比平均分布要好。因为这样的幂定律曲线，说明你极有可能是你私域粉丝好友的“美食”品类心智的“第一”。

细分“第一”抢占心智，可以爆发巨大的能量。你能否想象，2020 年 1 月，一个从不做广告，也从未请过明星代言的运动品牌，在纳斯达克拥有 309 亿美元市值，超越安德玛，跻身世界运动品牌前三？这个品牌就是加拿大瑜伽服饰品牌 lululemon。

1998 年创立于温哥华的 lululemon，在成立之初便对市场拥有精准的定位，即“服务于女性瑜伽服垂直细分市场”。创始人

Chip Wilson 正是因为发现女性消费者，对于功能性运动服饰在时尚感与舒适度等方面存在强烈需求，成立了 lululemon 品牌。很快，lululemon 就成了瑜伽这个极其细分的运动品类第一。

借着 Athleisure 运动休闲的风潮，lululemon 很快从一个女性瑜伽的小众品类第一，变成了引领主流文化的垄断者。lululemon 在营销上也独树一帜，借助健身教练、瑜伽老师这些小 IP 的私域影响力奠定自己在瑜伽行业的高端品牌地位。它会赞助当地最红的健身教练、瑜伽老师和健身达人们服装，并在 lululemon 门店里挂上达人们的海报，相互宣传，从而形成双赢的良性循环。

lululemon 的这个案例极具代表性。我接触的一些私域流量的小 IP 们，特别喜欢把运动达人、健康达人作为自己的小 IP 定位。胡巧蝶就是这样，她特别喜欢瑜伽，但总觉得瑜伽领域的定位过于狭窄，希望扩大到运动和健康这样的大品类上。实际上，如果她把自己定位在瑜伽领域，甚至再细分成为最懂 lululemon 这个品牌的小 IP，一旦抢占了粉丝好友里最懂 lululemon 品牌这个心智，她的小 IP 可以爆发出巨大的能量，甚至会让粉丝好友觉得她是最懂 Athleisure 运动休闲的达人。

“第一”是信用背书

“第一”是极有效的信用背书。还记得我们小时候去小伙伴家里玩，父母总是担心你会不会交友不慎，询问你关于小伙伴的各种情况。可只要你说这位小伙伴在班级里成绩第一，那你父母就会放心很多，甚至鼓励你多与他一起玩。这就是“第一”作为小 IP 信用背书的力量。

这种信用背书在排行榜上尤为常见。榜单上的第一名，往往带着一种毋庸置疑的光环。你点开 QQ 音乐，能看到各类排行：飙升榜的第一名，一定是这个阶段人气上升最快的，值得听；热歌榜的第一名，是近期最火的歌曲，值得听；新歌榜的第一名，是音乐潮流的风向标，值得听。“排行第一，值得信任。”这是人们的普遍心理，也是“第一”带来的强有力的信用背书。

“体操王子”李宁，创造了世界体操史上的神话，先后摘取十四项世界冠军，赢得一百多枚金牌。1988 年宣布退役后，李宁于 1990 年以其姓名命名创立了“李宁”运动品牌。李宁的冠军身份，给了“李宁”强大的信用背书，“李宁”品牌快速火遍大江南北。

只要你与“第一”发生关联，人们哪怕已经忘记你是什么领域的第一，但仍会记得“你曾是第一”而充分信任你。

“第一”是聚集资源的标杆

“马太效应”告诉我们，强者愈强，弱者愈弱。任何一个流量平台，都需要打造标杆，树立典型。

在抖音上，宠物类的标杆“会说话的刘二豆”目前有 4457 万粉丝，稳稳排在宠物排行第一的位置，一度成为全抖音粉丝量最高的账号（甚至在李佳琦 3991 万之上）。从 2018 年到 2020 年，将近一年半的时间，“会说话的刘二豆”涨了近 3000 万粉丝。作为宠物类抖音号的标杆，甚至是抖音号的标杆，各大媒体争相报道抖音上这只可爱有趣、粉丝量巨大的网红猫。这无疑又给“会说话的刘二豆”带来了更大的流量。这就是典型的马太效应。

在私域流量里，你的“第一”同样可以帮助你获得更多的资源，让你的流量像雪球一样滚动起来。各类电商平台，会树立自己的标杆，让标杆成为旗帜。平台会聚焦资源，帮助标杆冲击业绩新高，争夺眼球，从而吸引更多的用户进场。而对于依附平台的小 IP 们来说，努力成为“第一”，是快速获得平台曝光资源的有效手段，也是激励社群粉丝好友的方式。

如何快速做到“第一”，成为自己的定位

想要快速做到“第一”，需要做到以下两点：培养细分能力与培养发掘新品类的眼光。

培养细分能力

培养细分能力是做到“第一”的有效方法。品类越大，竞争越激烈，成为“第一”的概率就越小。例如，在女性感兴趣的化妆品品类中，要做到化妆品品类的“第一”非常困难。这就需要你继续细分，能否成为你私域流量里最懂底霜的，或最懂眼霜的，或最懂口红的，或最懂睫毛膏，还或者是最懂面膜的？甚至你能否成为最懂化妆镜的？如果还不能成为“第一”，那你可以再细分其中一个品类。例如，面膜，试着成为最懂水洗面膜的，或最懂贴片式面膜的，或最懂泥膏状水洗式面膜的，等等。从大品类开始，层层递进细分下去，你一定可以找到细分品类的“第一”。

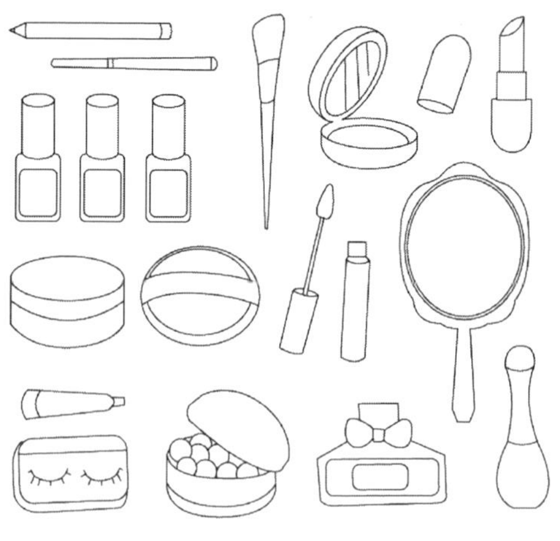

化妆品类细分图

我是一个天生不爱吃水饺的人。普通水饺，吃到三个就开始反胃。就读创业家组织的黑马营商学院时，一位名叫陈国平的同学送了我一大箱自己公司的水饺，我苦笑着对他说："这我可能要吃上一年。"结果我试着吃了一个，发现这水饺挺特别，与之前吃过的水饺都不太一样，还蛮好吃的。原来陈国平联合创办的船歌鱼水饺，专注于海鲜水饺，是中国第一个水饺单品类细分品牌，曾一度位居天猫水饺销量第一。陈国平自然也就成了国内最懂海鲜水饺的人。

陈国平的微信签名只有两个字："精耕"。这两个字也说出了细分能力的精髓。寻找细分领域，找到属于你的那一亩三分地，精耕这块地，你就可以成为"第一"。

细分的维度是多样性的。除了品类的细分，我们还可以通过地域的细分做到"第一"。如果你无法成为全国第一，如果条件合适，你完全可以成为某一个城市的第一。虽然你的粉丝好友来自全国，但某个城市的第一，也会大大加强你在他们心中的位置。下面的对话场景你一定很熟悉："长沙这个城市还不错。""对对，我认识长沙最懂当地美食的一位朋友，她之前还是当地一家美食类自媒体的负责人，吃遍长沙，美食达人。"很显然，要在私域流量里塑造这样的细分定位并不难。

行为数据也可以成为你的细分来源，例如，你是最擅长做转化的人。同样，性别、年龄也可以成为你的细分来源，例如，男性中的“第一”，老年人中的“第一”。我们只需留意，细分出来的领域，应该是人们一看就懂的，不能是晦涩的。

培养发掘新品类的眼光

我曾创办过一个互联网儿童教育品牌。产品的主要展现形式，是通过手机 App，以游戏化的情节展示幼儿教育内容，孩子可以通过实物玩具，与手机 App 进行互动。不仅让孩子可以学到知识，还可以借助手机记录孩子的能力发展水平。

在儿童科技这个领域里，我开创了一个新品类：“App 玩具”。通过玩具行业专业杂志的报道，网络媒体的宣扬，我们迅速成为了“App 玩具”这个细分品类里的第一。也让我在互联网儿童教育领域，甚至是儿童教育领域获得了一席之地。经常出席各类儿童教育的论坛，与像朱家雄教授这样的儿童教育泰斗们一起探讨儿童教育的发展趋势。这无疑是抢占新品类“第一”带来的优势。

新品类意味着人们心智出现了一个新的空位。只要你找到新品类，并与之画上等号，你就能以“第一位”的角色，成功抢占粉丝好友的心智。

2019 年，天猫“双 11”大促，咖啡品牌“三顿半”以一个小时卖出 60 万颗的成绩，打败雀巢咖啡荣登天猫咖啡品类销量第一。“三顿半”最成功的原因在于开创了一个新品类叫超即溶咖啡。三秒钟即溶于水、热水或者牛奶，口味非常接近现磨咖啡。

如果我们要成为一个最懂咖啡的小 IP，这是非常困难的。你不仅要品尝来自全球知名咖啡豆产地的咖啡口味，还要熟知不同咖啡的做法。但当“超即溶咖啡”这个新品类出现的时候，你完全可以成为最懂“超即溶咖啡”的人。在你的私域流量里，这样的定位，与最懂咖啡的人并没有太大区别。在快节奏的工作生活中，最懂“超即溶咖啡”的小 IP 甚至会与你的粉丝好友更贴近。毕竟能经常坐下来享受慢节奏咖啡生活的人是少数。

“第一”就像是列车的动车头一样，只要有了动车头，你就可以不断追加车厢，而每节车厢，就是你的私域流量池。更有可能的是，当你有了第一个“第一”，你还能创造出更多更广的“第一”。运用好“第一”定位法，努力成为“第一”，感受“第一”的魅力吧！

3.6 领袖定位法

彤彤的父辈从商，性格干练。彤彤从小受到家庭环境的影响，有过两次创业经历，开过皮肤管理店，做过广告设计公司，有小成的，也有失败的。创业者对环境的变化是敏感的。彤彤敏锐地觉察到，基于微信私域流量的直播蕴含着机遇。于是她进入私域电商领域，学习打造私域流量。

创业经历让彤彤明白，做定位是至关重要的第一步。自己的创业经历丰富，彤彤认为“女性轻创业导师”这个定位是最适合自己的。

彤彤的微信有近 2000 名这几年积累的客户。原以为他们会对“私域电商轻创业”感兴趣，实际运营下来，她发现微信好友们对“轻创业”无动于衷。经过深入沟通，原因在于彤彤的微信好友中 90% 都是上班族，只想简简单单地买东西，从未想过要上升到创业这个高度上来，哪怕是轻创业。他们总感觉创业是一件非常困难、遥不可及的事情。

并且，虽然彤彤的定位是女性轻创业导师，但她自己也说不清楚自己的价值观和使命。自然，她的微信好友也无法感知。对彤彤来说，这个定位并没有起到提升影响力的效果。

做好私域电商，你的粉丝好友不仅仅是消费者，她们还可以通过分享商品获得收入，成为你真正的社群成员，颇有点团队的意味。这种带有“轻创业”的特性，会让部分粉丝好友希望小 IP 们可以带领他们，实现自我成长并获得分享收入。而这些小有成绩的小 IP 们，就可以通过领袖定位法，来验证是否适合把“领袖”作为自己的定位。

领袖定位法概念

> 领袖定位法：根据现有成绩，清晰地描述出自己的使命感，让社群成员信服并追随你的定位法。

领袖定位法，是小有成绩的小 IP 最喜欢的定位法之一。同时，领袖定位法是适用特定人群的定位法。

领袖的特质多种多样，无论是权威型、沟通型还是专业型，而能让某种“领袖”成为自己私域流量定位的只有一类人：能带领社群成员朝着一个使命前进的人。

人类天生的惰性决定我们愿意跟随成功的人。没有什么比手把手跟着做就可以获得收入更让人振奋的事情了。这是小 IP 们通过领袖定位法成为私域社群领袖，可以大大增强社群凝聚力的深层次原因。

三步确定领袖定位

根据以下三个步骤，探寻你的领袖定位。

第一步，分析现有成绩。罗列自己取得的各类成绩，考虑哪些成绩对自己塑造领袖地位是有帮助的。第二步，清晰描述使命。使命感一定是由衷的、清晰的、可信的。千万不要让使命感成为大而空的标语。第三步，得到社群成员信服。他们的信服度是你使命范围的边界。

三步确定领袖定位

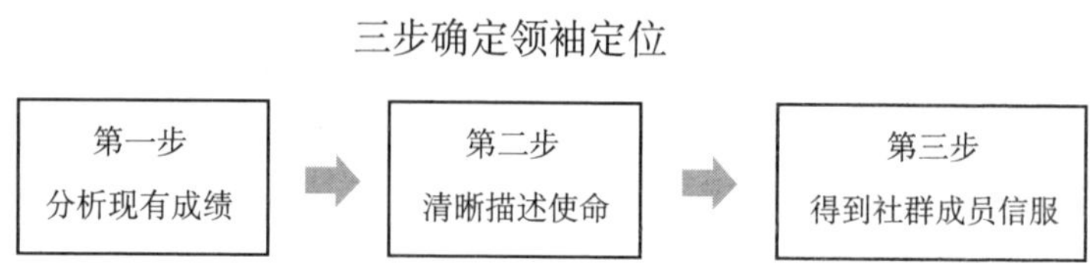

第一步，分析现有成绩

俗话说得好：没有什么比成功更能培育出成功。分析现有成绩，归总现有成绩，目的就是告诉你的社群成员，你在这个方向上是有所成就的。你不需要有大成的经历，但你必须要有小成的展示。

你可以从两个角度分析现有成绩：一是销售业绩，二是个人成就。销售业绩是一种数据化的证明。这种证明是具有信服力的。你可以是常年的 TOP 销售，也可以是某次活动的销量冠军。只要取得过一次有代表性的最好销售业绩，提炼它，写下来。如果你在私域流量上刚刚起步，现有销售业绩并不能代表你的实力，那你需要回顾你的个人成就，提炼总结这些成就，同时思考哪些对于塑造自己的领袖地位是有帮助的。

现有成绩的两个分析角度，是极其容易理解的。在这里最重要的是，你需要以相对论的角度去转换思维。“优异成绩”是一种典型的相对论，在一个群体里的学霸，可能就是另一个群体里的学渣。换言之，一个群体里的学渣，可能就是另一个群体里的学霸。我们从小受到的教育是我们进入了学霸群体里，也要努力成为学霸中的学霸，这是积极努力的品格。但在这里，我想要告诉你的是，**你需要有降维思维，先成为较弱群体中的领袖，再逐**

渐去升级你的群体。

彭大帅是我见过降维思维运用到极致的代表。虽然直播圈认为抖音这类短视频平台的直播已经红海一片，但在彭大帅为代表的私域流量圈里，觉得短视频、直播还是新鲜事物。他告诉我，他迅速组建了短视频直播学习社群，帮助社群成员学习短视频和直播。

我原以为他的这个学习社群，会定期请比较资深的短视频或者直播人士来培训，但实际上，他就是这个社群的培训专家。可要知道，他仅仅比社群里的这些成员，只提前学了一星期而已。他每天在社群里传授如何拍摄短视频，如何做好直播，忙得不亦乐乎。

一个只学了 7 天短视频的小白，去教另一群人。这种情况，我们是不是天然觉得很容易崩盘？结局却大大出乎我的意料。社群里那些刚接触短视频的宝妈们，像模像样地学得起劲。遇到问题，左一句大帅老师，右一句大帅老师。而彭大帅也会给以回复。

看着热热闹闹的社群，我默默想着，我一个实操抖音单视频有 3085 万播放的人，都没有开设抖音培训课程，彭大帅却做得有声有色。毫无疑问，这就是降维思维带来的终极优势。

第二步，清晰描述使命

苏格拉底曾说："我与世界相遇，我自与世界相蚀，我自不辱使命，使我与众生相聚。"

能清晰描述使命的前提是你具备使命感。那么什么是人的使命感呢？所谓的使命感，就是自我对人生使命的认知。这种认知越清晰，他的使命感就会越强烈。

使命感是自我认知的升华，不仅要想清楚"你是谁"，更要弄明白"你为了什么而活着"。你打造私域社群的目的是自己盈利，还是帮助社群成员共同成长。如果你发自内心地希望帮助她们自我成长，帮助她们增加收入，为她们感到骄傲，那你就是具有使命感的人。倘若只想通过使命感去让别人满足自己的私欲，那领袖定位将没有任何生存空间。

使命应该是明确的、清晰的、易于传递的。美国前第一夫人埃莉诺·罗斯福有句名言："女人就像茶袋儿，只有把它放进热水里才知道她有多厉害。"如果你是那个茶袋，那么把水加热就是清晰的使命。例如你脑海中闪过的使命是："帮助宝妈成长。"那你需要雕琢的是这个使命能否表述得更具体，例如"赋能千名宝妈成为带货能手"。

我对赵琳儿印象很深刻，是由于她发的一段朋友圈文字：

“有些女性虽然标榜自己独立，她们觉得自己有钱就是独立，喜欢通过财富收入来强调自己是独立女性。我觉得她们理解错了，精神独立才是真正的独立。物质可以爆发，精神不行。”

赵琳儿也是这么做的，她的使命就是帮助城市中的全职宝妈提升精神富足。她推崇极简主义的生活方式，举办读书活动，组织艺术馆的参观，分享品牌内涵。帮助社群成员以精神上的满足替代购物上的短暂愉悦。

第三步，得到社群成员信服

信服不仅是信任，还包含佩服。让社群成员相信你的使命，佩服你的能力是不容易的。信服来自两方面，一是你的使命需要契合社群成员的状态，二是你的使命边界是可信的。

使命契合成员状态

你的使命需要契合社群成员的状态，这就好比创业公司员工的心态，决定了创始人“画饼”是否有效。如果员工仅仅是想获得一份养家糊口的收入，那创始人用开创事业、改变社会的伟大来描绘未来蓝图，用延迟满足理论希望员工降低工资期望，信服度就不高，甚至还会起到反作用。

活跃在私域流量里的人群，有这么三类：购物轻松生活的人群；赚点小钱就开心的人群；视为奋斗事业的人群。

从三类人群的状态，我们也可以看出，对于视打造私域流量为奋斗事业的人群，“女性轻创业导师”的定位会更契合；而同样是领袖定位的“女性成长导师”，则更契合赚点小钱就开心的人群，看过去也更柔和一些。

可信的使命边界

使命边界，通俗地讲，就是使命范围。我们耳熟能详的阿里巴巴的使命是“让天下没有难做的生意”。这个使命范围是“天下”。如果不是极其成功，一般公司采用“天下”范围的使命就毫无可信度。延伸一下，如果有一个私域流量小 IP 的使命是“让天下女人没有难过的生活”，我相信你看到了肯定会摇摇头走开。但如果她的使命是“让村里的女人过上幸福生活”，我们就更容易信任她的使命。

马云主导创办的云谷学校，其使命是“致力于让每一位孩子成为最好的自己”。这种以孩子为本的使命来自云谷，让人更加信任。人们看来，马云建立学校肯定不会以营利为目的，也不会以升学率为目的，他会更关注孩子的自身发展。同样是创办学校，一些商人创办的私立学校，哪怕学校的使命是帮助孩子全面成长，人们总会担心他们以营利为目的，以升学率为导向，以至于使命的可信度并不高。那这些学校的使命边界，就可以窄一些，例如，帮助孩子走上国际化道路，就会更可信。

领袖定位法的特例

适用领袖定位法的人群，最早接触新兴领域的人是最适合的。例如最早进入私域电商领域并坚持到现在的元老，采用领袖定位法是非常合适的。

因为经历整个历程，“元老”级的身份是稀缺的。如果你是最早的私域电商参与者，甚至你深度参与了一些知名平台的初建工作，这种无法复制的经历是领袖定位的强力背书。

当然，你需要鲜明地展现出来。私域流量元老级人物丹姐，虽然是领袖定位，但并没有得到有效展现，还是采用“女性轻创业导师”的定位描述，人们自然就不知道她的经历。随着越来越多的人采用领袖定位，她的元老身份完全就淹没了。

丹姐在找我沟通如何可以有效体现元老身份的定位时，我建议她可以使用“中国私域电商模式的先行者”作为定位，更具有识别度与高度。这就像人们对“经典”品牌的认同，“经典”意味着联结过去的能力，元老级人物也是。这是一种对趋势判断的持续验证，是一种无法替代的标签。

有句话说得好："领袖，不在于俯瞰众生的高度，而在于众人心中铭记的深度。"如果在你的灵魂深处，渴望成为一名领袖。那就提炼你的使命，展示你的特质，披荆斩棘，带领你的社群成员实现一个又一个的目标吧！

3.7 星座特质定位法

在与小 IP 们沟通时，有两个问题问及我最多。一个是："我特别迷茫，我的小 IP 定位是什么？急需你的帮助。"另一个问题就是："你是什么星座的？"每当被问到是什么星座这个问题时，我总爱跟她们分享一个发生在我身上的真实事情。

2011 年 5 月，我接到前腾讯网产经中心总监林明军的一个电话，他说："有位朋友做了个项目，想找一位懂互联网的联合创始人，我把你电话给他了，你有空接触一下呗。"没多久，我接到了他朋友的电话，电话里基本什么都没谈，就约了下见面的时间和地点。那天他坐了三个小时的高铁和我碰面，和我寒暄两句后的第一个问题，就是："你是什么星座的？"

我挺好奇一个大男人怎么一开始就问我星座。"我是白羊座。"我回答。他欣喜若狂："白羊座好！火象的！我是双子座的，风象的！风助火势，我们合作一定能成功！"我笑着说："你怎么这么信星座？"他说："是的，员工面试的时候我都会问星座的。"

星座不仅是人们尤其是女人间永恒的话题，茶余饭后的谈资；其实，每个星座的特质，更可以成为我们定位的来源，称之为星座特质定位法。

星座特质定位法概念

> 星座特质定位法：把自己的个性特质与本人的星座特质相融合，聚焦定位在这个特质上，让星座成为自己特质的信用背书。

在兴趣爱好定位法里，兴趣包括“星座”。倘若根据星座兴趣做出小 IP 定位，则侧重在全能星座带货小达人，这代表你懂每个星座的知识、运势、喜好等。**而星座特质定位法，其重点在于借助粉丝好友心智中对你所属星座的固有认知，强化展现你自己的优异特质，从而提升影响力。**

我们可以从理性的角度看待星座知识。为什么这么多人相信星座呢？是因为星座知识包含了感性的占星学和理性的心理学。从神奇的占星学来看，不同星座的人确实存在不同的特质。有热情奔放的白羊座，也有沉稳内敛的金牛座。而从心理学的角度来看，也容易理解星座：人们对记忆、体验、经历、感受的描述是人们愿意相信的那部分。所以不管从内因和外因看，绝大多数人都受着星座的影响，越影响，就越深刻。而这种影响所形成的特质，会让你变得与众不同。

借助星座特质三步做好定位

第一步，整体了解星座知识。

十二星座各有不同，又各有联系。比较常用的区分方式，是把十二星座分成四类，分别为：真诚坦诚的火象星座；认真负责的土象星座；善于沟通的风象星座；感情细腻的水象星座。一般来说，火象星座和风象星座更容易配合；土象星座和水象星座更容易配合。

第二步，通过公历生日，查询自己的星座及核心特质。

这张图我只列举了每个星座的一个优秀特质。每个星座会有若干个优秀特质，你需要选取最契合自己的作为定位来源。我建议你只选一个作为核心定位，因为这可以让你更聚焦，更容易被人记住。

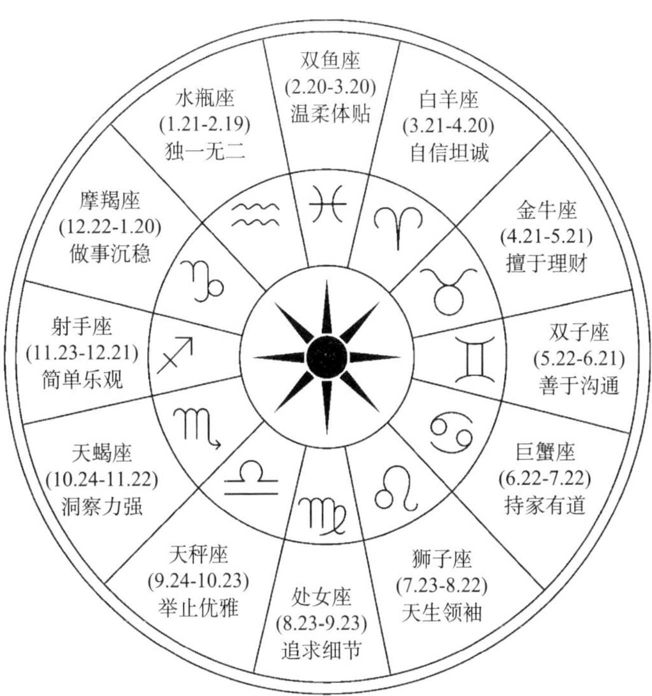

第三步，结合星座特质提炼自己的小 IP 定位。

白羊座：对新鲜事物特别好奇的菲乐乐

菲乐乐对新鲜事物尤为好奇，在日常生活中发现有趣有料的新品都愿意试一试。只要自己体验不错的新品，她就会分享给闺蜜。一旦被闺蜜们认同，她会有满满的成就感。

当菲乐乐寻找小 IP 定位的时候，聚焦在“新品避坑专家”上。这是一个不错的定位。可是她发现，除了熟悉她的几个闺蜜，其他人似乎对她的“新品避坑”似乎将信将疑，不确定是菲乐乐真实的新品使用心得，还是为了销售商品而做的分享。

我告诉她，你应该把自己的白羊座，写到你的定位描述里去，“白羊座新品避坑专家”。众所周知，白羊座的特性就是对新鲜事物接受能力强，乐于分享美好事物。并且，相对于利益，白羊座更注重名声，不会为了赚钱而做违背内心的事情。这可以让你的定位具有更高的可信度。

事实证明，这个方法是有效的。菲乐乐经常告诉我，现在社群里每天都有粉丝好友问她，有没有什么有趣有料的新品值得推荐的。更有趣的是，但凡是菲乐乐分享的新品，粉丝好友们跟上的群接龙是“乐乐推荐不踩坑”。

作为黄道十二宫的第一个星座，白羊座起于“春分”，代表着白羊座的你朝气蓬勃，精力旺盛，对新鲜事物特别好奇。

如果你善于分享，对新鲜事物接受能力强，对私域流量相关的新产品、新功能特别有兴趣，并喜欢把自己第一手体验资料分享给社群成员，带动分享氛围。你可以强化善于分享新鲜事物这个特质。

如果你的内心特别自信，从不害怕去面对那些未知的事情，为人比较坦诚，觉得事情都是可以沟通的，就没必要藏着掖着。你可以强化自信坦诚这个特质。

白羊是春天万物复苏、破土而出的象征，代表着不畏挑战，有着强烈的求胜欲望。这种不断向前冲的特质让你的销售业绩斐然，带领社群成员冲锋陷阵，起到领头羊的作用。你可以强化销售领头羊的特质。

金牛座：对金钱特别敏感的刘静

刘静运营自己的私域流量每天的节奏出奇地一致，雷打不动。她有一张时间表，记录着每天几点几分应该发布什么内容，并勤勤恳恳地执行着。一晃就这样过了三个月，刘静发现运营效果并不好。除了偶尔由于特殊原因没有分享，引起个别粉丝好友询问外，并没有点燃粉丝好友的激情。

“经过这三个月，虽然效果一般，但我已经认定了打造私域流量分享商品，收入还可以，而且有些商品确实很实惠。但是我把这个信息传递给其他人的时候，可能表述得比较平淡，调动不起氛围。这应该怎么办？”刘静问我说。

我就回答了一句话：“在所有向我推荐理财产品的朋友里，我就相信金牛座推荐的，因为金牛座的人特别擅于理财。”

刘静听明白了，给自己的定位是“帮你赚钱省钱的金牛座小管家”。她惊奇地发现，粉丝好友们不仅相信她能赚钱省钱，而且更愿意主动找她沟通了。对粉丝好友为什么会变得主动找她沟通，刘静百思不得其解。其实，我没有告诉她的另一句话是：星座定位，可以给沉闷的金牛座带来一丝俏皮，更容易拉近距离。

金牛们对财物的敏感，是源自内心深处的安全感不足。金牛们为了弥补这份安全感，会特别善于理财。如果你符合这样的特质，就可以巧妙借助大家对金牛座善于理财的固有认知，强化擅长省钱、赚钱这个特质。

你还可以选择匹配金牛座的其他特质，例如，坚毅。金牛座对一件事情的启动是谨慎的，一旦金牛座认定这件事情，就会长期地有毅力地一直做下去。在如今复杂多变的社会，坚毅是难能可贵的品质。如果你做事不喜欢半途而废，你可以强化做事坚毅这个特质。

双子座：善于沟通的星小星

星小星，双子座，沟通能力特别强。每当有新的微信好友加入社群，她总可以让对方快速地喜欢上她。这是星小星引以为豪的能力。

随着自己打造的私域流量越来越成熟，里面的粉丝好友彼此之间变得越来越熟悉，星小星发现了一个问题：虽然粉丝好友们也会找她聊天，但是好像她和其他人没什么不一样。甚至有些粉丝好友之间会聊得话题更为紧密。自己的存在感在不断下降。

我告诉她，私域流量会趋向于熟人经济，私域里的人们会变得越来越熟悉，这是常态。你善于和陌生人打交道的这个双子座特质，是她们初期的一种感受，这种感受不是持续性的。在大家印象里没有强化，更没有达成共识。简单地说，就是这个特质体现得不明显，自然也无法有持续的影响力。你试着用“双子座沟通破冰员”这个定位去强化一段时间，看看有没有变化。

结果证明，这个定位带来的变化是，社群里的粉丝好友们碰到一些难以交流的新朋友时，都会纷纷求助于星小星，希望她能帮助新朋友快速融入圈子。星小星也不负众望，完全对得起“双子座沟通破冰员”这个定位头衔，在粉丝好友心目中巩固了地位。

作为风向星座的典型代表，双子座有着比较鲜明的性格特征：思维敏捷，聪慧过人。这种敏捷的思维，往往能带来风趣幽默的一面。所以人们会觉得双子座的人沟通能力特别强。

如果双子座的你喜欢认识新朋友，善于找到自己和新朋友之间的共通点，快速建立沟通桥梁，拉近彼此之间的心理距离。无论是微信聊天，还是线下聚会，你总能快速引起大家的注意，是大家口中“有趣的灵魂”。那么，你可以强化善于沟通这个特质。

巨蟹座：追求生活品质的沈芹

沈芹特别顾家，曾经是一家外资科技公司的行政经理，薪资待遇挺不错，但就是特别忙碌。自从孩子上了小学后，她感觉工作家庭越来越无法兼顾。考虑再三，沈芹放弃了行政经理的工作，在家做起了全职太太，把家里打理得井井有条。一个偶然的机会，沈芹拉了一个微信群，开始了私域流量打造之路。她也知道需要找到定位，但经过各类尝试，始终无法找到。

和沈芹的见面，约在了杭州嘉里中心的一家咖啡馆。在沟通的过程中，我发现她多次提到了自己在孩子上学的早晨，会用豆浆机给孩子自制一杯健康的豆浆；在周末的午后，用全自动现磨咖啡机，采用上乘的咖啡豆，给先生做一杯咖啡。于是我问她说，“你是什么星座的？”不出所料，沈芹的星座是典型的巨蟹座。

“你对品质生活的追求，可以与巨蟹座的顾家特质结合起来，定位为享受高品质生活的巨蟹妈妈。”这句话让沈芹喜出望外，结合星座，让“顾家”成为一种定位，对她来说是从没有想过的。

那天的下午茶，自然是沈芹兴高采烈地买了单。

我们在日常生活中，听到最多的就是巨蟹座的人很顾家。的确，作为水象星座的代表，巨蟹们家庭意识很强。他们温柔体贴，饱含母性情怀，特别注重家庭和谐。巨蟹们对家庭的关注，表现在更愿意花时间金钱在提高家庭生活品质的商品上。她们关注的商品除了满足基本生活，更会聚焦在提升生活品质上。这对于打造高价值的私域流量来说，帮助极大。

狮子座：天生“班长”黄虹

用黄虹自己的话来说，她是从小一路“班长”滚到大的。在小学、初中，她是名副其实的班长，班主任官方授权。到了高中，虽然从名义上她已不是班长，但同学们给她起了个绰号“黄班长”。班级里的活动，常常就是她负责组织的。

“这可能是一种天性，我从小特别注重集体荣誉感。”黄虹对我说，“我刚接触私域社群时是非常兴奋的，感觉管理若干个群，带领大家共同成长还可以获得收入，会特别有成就感。可问题是，我努力成为这个私域社群的领袖，不过自己的业绩上并不能绝对领先，感觉没有信心称自己为社群领袖。”

业绩确实是成为领袖的重要指标，虽然狮子座的人领导能力强，但不能说因为自己的星座是狮子座，就要成为社群领袖。黄虹班长的经历启发了我，“那你就以班级的形式运营社群，可以称自己为狮子座黄班长。”“这个好！轻车熟路！”她拍了下大腿应道。

提起狮子座，大家的第一直觉就是百兽之王。在欧洲，很多贵族都将狮子作为象征。领导力强是狮子座的典型特征。这种天生的自信和远见，让狮子们敢于担当，目光远大。阳光灿烂的笑容，淡定自如的神情，让狮子们胜似闲庭信步，败也处乱不惊。而狮子座心中的格局，会把打造私域流量作为事业上升到新的高度。

处女座：“成分控”陈小敏

“细节决定成败”这句话是陈小敏的口头禅。处女座的她，对细节实在是太关注了。哪个私域社群成员发的朋友圈格式不对，哪个成员介绍海报里多了一个逗号，都在她的关注之列。在追求完美似乎带点强迫症的她，往往会因为他人的工作没有尽善尽美而懊恼不已。

陈小敏觉得自己不仅找不到定位，还经常会因为追求过多细节问题导致时间不够用。在微信沟通过程中，我随手发了一句：“看你的素颜照，感觉皮肤还不错，往护肤方向考虑考虑？”时间仿佛定格了，五分钟后，她发过来这么一大段话：“我用的护肤品牌不错。这个品牌的产品主要成分就是烟酰胺，超过 3%，就是实实在在可以起到效果的浓度。烟酰胺是个全能成分，包括保湿、修复、美白、控油、抗老、祛痘。除了烟酰胺，这款精华露另外还添加了美白和抗氧化成分，同时不含酒精，不油腻，痘痘肌也无负担，但是含香料，超级敏感的肌肤建议先试用。不过必须要提到一个问题，会有人对烟酰胺不耐受，但这个因人而异，并不是哪类肌肤就一定合适或不合适，需要自己去试试。”这段话看得我有点蒙，但陈小敏的定位也出来了——“处女座成分控护肤达人”。

在 12 个星座中，追求细节到极致的，非处女座莫属。处女座在处理事情的时候，细致耐心，力求追求完美。对产品说明书式的分析，是处女座的特性。只要选对品类，那就是完美的小 IP 定位。而且聚焦“成分控”还有额外的好处就是，让处女座们把注意力转移到产品细节中去，而不是放在社群成员身上。

天秤座：取个快递都要打理自己的张琦

张琦的高颜值是公认的。他受邀在各大女性社群做分享的时候，女生们会看着他的海报和微信头像走神。在微信私域社群的分享干货的过程中，他的分享节奏也常常会被“张琦男神你真得好帅！”所打断。

作为典型的天秤男，张琦确实非常注重个人的形象。有时候就是从家里走到大堂拿个快递，这点路程他都要打理好自己才出门。“行走的荷尔蒙”是张琦对自己的定位。当他问我这个定位怎么样的时候，我开玩笑说：“你这个定位适合在女性社群里卖课程。课程内容无所谓，你只要不停地晒照片就行。”这当然是一句玩笑，不过也说出了尴尬，张琦的粉丝好友会因为过于关注外表，而忽略张琦分享的商品或内容。

在与张琦长达两个小时的沟通后，我建议他可以以女性搭配顾问的角色打造私域流量。“优雅女人的搭配师”代替了“行走的荷尔蒙”，成为了他新的定位。“万一有人不信你的搭配能力，告诉她你是天秤座。”分别时我挥挥手补充道。

天秤座作为金秋的星座，也是最注重个人形象的星座之一。在日常聊天过程中，谈到天秤座，大家很容易把“漂亮”“帅气”跟他们联系在一起。这不仅仅指天秤座颜值高，更重要的是指天秤们举止优雅，更注重外表。天秤们认为保持美丽是对生活最基本的尊重。

如果天秤座的你待人温和，内心爱好和平，公平意识强烈。相信付出一定会有回报，显得更为乐于助人。所以你在获得好友的认可上，是非常具有优势的。既可以主动交友，又容易被动交友，身边好友非常多，那你可以把追求公平作为自己的定位来源，更重要的是，人们对追求公平的人，总是更容易产生信任。“力求公平的可信赖天秤座”，可以是你考虑的定位方向。

天蝎座：再难的事也自己扛的大婷酱

天蝎座的大婷酱这两年是很辛苦的。单亲宝妈，照顾孩子，养家糊口，万事只能靠自己。“我命由我不由天”这句话放在她身上最合适不过了。

为了增加收入，她试着打造自己的私域流量分享一些商品。这事情对大婷酱来说是痛苦的，因为她特别不习惯与不熟悉的人沟通，碰到困难也不喜欢求助于他人。好在能力过人，耐力超强，大婷酱的轻创业事业有了些起色。

像大婷酱这样不喜欢絮絮叨叨的独立性格，怎么做才能让自己的私域流量打造之路更上一层楼呢？最佳的方式，就是把自己定位在独立创业女性上。

在工作事业上，天蝎座的人向来工作能力突出。这缘于天蝎们观察敏锐，才华过人，再加上耐力超强，而且静得下心，把工作完成得非常出色。天蝎们做事，必有结果，也绝不会敷衍了事。而天蝎座的粉丝好友，多数都是被天蝎们的才华和能力所折服的。

如果你觉得做好私域流量的制胜法宝，就是做好自己，做大自己，做强自己。追求独立的人生，为人处世不矫情，那么你就可以塑造“坚持顽强的独立女性”的定位形象。依靠顽强的意志力，超强的忍耐力，去实现一个又一个的目标。而你的粉丝好友也会由于钦佩你的能力，欣赏你的努力而高度认可你。

射手座：乐享生活的成宇吉

成宇吉，自由快乐的射手座，兴趣广泛。前年探索小众美食，运营了“宇吉黑暗料理”社群；去年喜欢上了樊登读书会，运营了一个“宇吉读书”社群；最近他又迷上了户外运动，饶有激情地运营着“宇吉户外联盟”社群。短短三个月内，宇吉购买的户外运动产品数不胜数，像探路者 Toread、哥伦比亚 Columbia、始祖鸟 ARCTERYX……这些知名户外品牌如数家珍。

攀岩、登山、速降、野营成了他的家常事。

不同兴趣之间的快速变换让成宇吉乐此不疲，但同样他也面临着一个问题：当他对某个兴趣热情褪去的时候，以前的社群应该怎么办呢？一会儿是小众美食达人，一会儿是户外运动达人，不要说粉丝好友了，他自己都会感到混乱。

我建议他，干脆就顺应自己的射手座个性，定位成“乐享生活的射手座宇吉”。聚焦在“快乐”上，做一名快乐使者，吸引同频的粉丝好友。喜欢什么分享什么，展现生活最美好的一面，这也是一个不错的选择。“黑捕老师，为什么你没有让我聚焦在一个商品品类上？”“性格使然，刻意去聚焦反而做不好，你适合聚焦在‘快乐’这个品类上。你就是一个天生快乐的人。”

一生追求自由快乐的射手座，是大家的开心果。简简单单，快快乐乐，是射手座最大的特点。这种纯真的快乐，很容易可以感染到你身边的伙伴。

在射手们的心里，永远都是大晴天。哪怕外面下着雨，射手们也能感受到雨后的阳光。任何不愉快的事情带来的负能量，射手们可以转瞬即逝，快速消化干净。这种简单乐观的生活态度，是多少人梦寐以求的啊！人们对这样积极阳光完全没有负能量的朋友来说，是没有任何抵抗能力的。

射手们简单乐观的优秀特质，可以让她们在朋友聚会中，在微信群互动中，快速收到朋友们的喜爱。无论是线上互动，还是线下社交，聚焦“快乐”的射手座都极具优势。

如果你是简单快乐的射手座，那么简单乐观的生活态度，是可以成为核心定位的。你打造私域流量，分享的不是商品，分享的是一种乐观的生活态度。把你乐观的情感，融入到分享中去，从文案到图片，到与人的沟通，开心快乐，无处不在，也是打动粉丝好友的好方式。

摩羯座：“自律控”陈栋

“不自律无自由”，这是陈栋的人生格言。他也是以这样的方式管理着自己的生活和工作。每天早上六点慢跑健身，七点洗澡，七点半吃饭，八点出门上班，下午一点半午休半小时，晚十点之后自我充电一小时，晚上十一点准时睡觉。

身为摩羯座的典型代表陈栋，每天定时在朋友圈打卡自己的“自律 24 小时”，每天给自己打分。1 天、2 天、3 天，一个月，一年，每天都在做这样的事情时，他的朋友们被陈栋的自律行为佩服得五体投地。

一次偶然的机会，陈栋刷到抖音，有一哥们，每天跑步的时候说一段励志的话，关注的粉丝还挺多。他觉得自己也可以做个社群，发发健身内容，定期做私域流量的直播。

“你可以以女性自律健身顾问的定位来建立社群，打造私域流量。因为这部分人群不仅有欲望去学习自律，而且活跃度也比较高。‘摩羯座自律督察员’再适合你不过了。”

为什么说摩羯座是最容易实现真正的财务自由和时间自由的人群？其原因就是自律。摩羯座可以规划好每个时间点做什么，并严格按照这个计划去执行。

不单是自律，如果摩羯座的你处世冷静，做事沉稳，一步一个脚印，值得信赖，抗压能力强，责任感强；那么，在私域流量里，稳重、坚持、有耐心的人，会更容易获得信任。在瞬息万变的社会里，沉稳的人和稳定的事带来的确定感，会让人更安心，更信任。

水瓶座：关注品牌内涵的阿蕾

2019 年 5 月，我在一个知识付费的圈子中，认识了水瓶座的阿蕾。她的着装风格独特，让我印象深刻。

水瓶座的她，大学读的是市场营销专业，毕业后在某知名电商企业担任品牌策划师。她对于我提出的私域流量“小 IP”的概念，有着浓厚的兴趣。她问：“自己比较追求精神自由，熟知多数知名品牌想要体现的内涵，应该如何找到定位呢？”

“你分享的每一件商品，背后都有着自己的品牌理念、产品理念。别人分享产品时讲功效，讲包装；你分享时讲理念，讲内涵，这就是不错的定位。”我回答说。“那就叫品牌内涵管理员吧！”她马上接上了我的话。这个头衔，颇有些水瓶座特有的才气。

水瓶座的思维如风一般开阔。面对工作生活碰到的问题，水瓶们总能想到独创性的方法，并通过细致的执行力，把这种独创性方法实现出来。独特的风格，加上水瓶们天生的才气，让水瓶们变得与众不同。而更强调精神生活的水瓶座，总会找到各类有趣的事情，探索内涵，满足自己的精神生活，让自己的精神生活更富足。

双鱼座：爱制造生活小浪漫的程元元

都说双鱼座女人是把浪漫奉为毕生追求，程元元更为典型。她说她从小就有个公主梦。憧憬自己拥有很多粉色的衣服，漂亮的洋娃娃，吃不完的巧克力，种满玫瑰的花园，然后王子会骑着一匹白马来迎娶她。

直到现在，作为一个 35 岁，已经被周围朋友笑说是“中年阿姨”的女人，她仍奔走在为浪漫买单的路上。她买一把精美的粉色吊篮椅，尽管家里的阳台已很拥挤；她会同时购买五套精美的床单，似乎不同床单能带来不同的美梦；她的书柜里摆满的不是书，而是大大小小的杯子、盘子等生活器皿，因为厨房实在是放不下了。

程元元学习了星座特质定位法后，在微信签名处写下：“擅于制造生活小浪漫的双鱼座程元元”。这个定位让朋友们对程元元的认知，从不切实际转变为懂得浪漫。尤其是她那些土象星座的朋友们，隔三差五地求助于程元元，该做些什么给家庭生活带来一些小惊喜。

双鱼座的浪漫情怀，让平淡的生活具有仪式感。在他们眼中，生活就算不是轰轰烈烈的，每天也应该都是崭新的一天。双鱼座不愿意将生活过得一成不变，那会让她们觉得毫无幸福感。

此外，双鱼座感情细腻，温柔体贴，能很自然地能关注到身边的多数朋友。温柔体贴是具有亲和力的。在女性为主的私域电商里，一个有亲和力的小 IP，可以营造温暖的社群氛围。所以双鱼座还可以强化温柔体贴这个特质。

十二星座，除了给我们提供了无尽的通话题和相处方式，无论从心理学还是占星学的角度，是可以成为你的定位来源的。因为人们的心智尤其是女人们的心智，对不同星座，是有固有认知的。我们可以巧妙借助大家对星座的固有认知，结合自身星座，找到独特的定位，抢占心智。

第四章
强化你的小 IP 定位

4.1 名字是你召唤粉丝的咒语

你们知道吗？因电影《非诚勿扰 2》进入大众视野的张馨予，本名叫张燕。改名前，张燕也算是小有名气的足球宝贝，以性感闻名，但并没有被关注娱乐圈的观众们熟知。据说后来经过高人指点之后，张燕将名字改为张馨予，参演多部影视作品，令其人气迅速飙升。我们再来看看这些明星的原名：白百合原名白雪，陈羽凡原名陈涛，汪涵原名汪建刚。是不是让你若有所思？

为什么大多数明星都要取艺名？这是因为绝大多数名字是由长辈赋予的，主要是基于家庭环境的期待与祝福。但成为艺人，群体发生了变化。相比寓意，名字更重要的是要有识别度，让粉丝们容易记住，更容易传播。

相比明星的艺名，让人更意想不到的是，在严谨的金融投资领域，名字都会有着奇妙的作用。如果你和家人说，你要买一只股票，仅仅是因为它的名字你很喜欢，可能你家人都会觉得你不可理喻。但有调查统计证明，股票名称是否易读，对股票的涨跌也会有影响。下图是从 1990 年到 2004 年间，股票上市一年内，股票代码易读音的和不易读音的股票在纽约证券交易所的表现。易读音的股票代码在发行初期，涨幅比不易读音的股票高出 2%～5%。

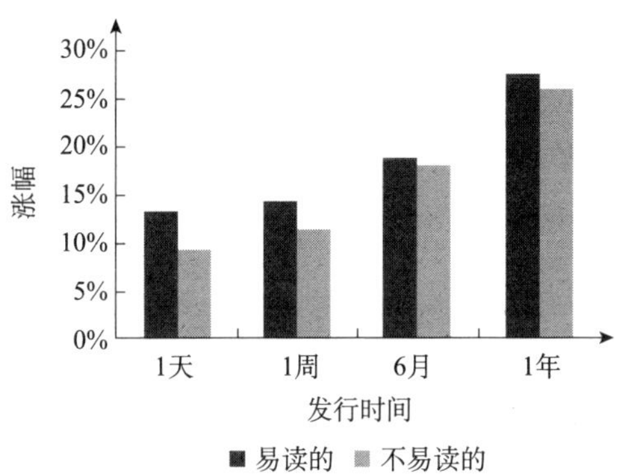

进阶！符合定位的名字

在第一章关于第一印象的小节里，我讲述了与设置微信名相关的一些注意事项。例如名字应易读易搜索，不要四字成语，不要单字，不要冷僻字。而在这一章节，你可能已经初步找到了小 IP 定位。名字是你小 IP 的符号，你可以从自我定位的角度，更高阶地考虑你的名字。

回忆一下，你目前的这个微信名，是不是当初随意取的网名？它可能源于你喜欢的一个漫画人物，可能源于你喜欢的一种水果，甚至还可能源于你喜欢的一个俗语。但我们要知道，若干年前，我们给自己取微信名时，并没有传播意识，更没有定位意识。虽然你已习惯了自己的微信名，但现在要打造自己的小 IP，你需要重新审视你的名字，并需要认真思考：“我的名字，符合我的小 IP 定位吗？”

大家可能有这样的经历，当我们要记住某人的名字时，我们在脑中要想办法将他的名字与我们已经在他身上获得的一些印象联系起来。例如“李方”脑袋比较大，我们会用“脑袋大”和“方”去做关联记忆。如果符合这样的场景，是很容易帮助我们记住一个人的。同样，如果你的名字，可以和你的小 IP 定位有关联，人们也更容易记住“你”及记住“你是谁”。

“凯叔讲故事”的凯叔，原名王凯。从给孩子讲故事的定位，“凯叔”显然比“王凯”更契合。“凯叔”能让我们脑海中浮现出一位和蔼可亲的叔叔给孩子讲故事的情景。这符合大家在日常生活中的认知。“王凯”则毫无关联性，也毫无识别度。还要经常解释：“王凯？哪个王凯？”这样的问题。

考考拉的小 IP 定位是具有可爱风的星座带货达人。可爱的名字，可爱的外表，轻松的星座定位，“考考拉”让人印象深刻。不仅如此，“考考拉”带有的可爱色彩，天然地让大家更容易接受她，快速拉近心理距离。所以你要是有了自己的小 IP 定位，名字能有意识地与之相关联，会更让人过目不忘。

取一个符合小 IP 定位的名字，让自己的名字在粉丝好友的某个品类心智中建立连接，可以上升到营销战略高度。如今一个苍白无力、毫无意义的名字已经难以进入粉丝的心智。

如何找到体现定位的名字

首先要遵守一个原则：能体现小 IP 定位的名字，不在于寓意，而在于联想。在传统起名的习惯中，人们关注的是寓意，希望名字可以给孩子带来幸福美满的一生。而能体现小 IP 定位的名字，重点在于联想。人们一看到你的名字，他直接联想到的是什么，这种联想与你的小 IP 定位是一致的，还是冲突的？

《冬吴相对论》的梁冬曾说过关于吴伯凡的一个故事。当年吴伯凡为了混论坛，因为对哲学家罗素特别崇拜，在论坛里给自己起名叫“罗素”。但论坛里并不会有人因为这个名字而搭理他。苦恼的吴伯凡给自己名字加了一个“素”字，变成了“罗素素”，结果很多人找他聊天。

这个故事说明人们对名字会产生天然的联想，会根据名字去想象这是什么样的一个人。“罗素素”会让人觉得这可能是一位古风美女，所以会有很多人找“罗素素”聊天。当然，从定位关联的角度，这肯定不是好名字，我们无法把古风美女与吴伯凡画上等号。

你可以寻找一些相对强烈的词，成为名字的组成部分，从而与小 IP 定位相符合。例如部分颜色词、形容词、动植物名、角色名称等。

颜色词

颜色会给人带来视觉联想，它可以唤起人的右脑，让人们对你记忆更深。颜色主要可以分为暖色、冷色和中性色。暖色，如红、橙、黄、棕，让人心理上产生温暖感觉的颜色；冷色，如绿、青、蓝、紫，使人心理上产生凉爽感觉的颜色；中性色，如黑、白、灰则给人带来不同的感受。

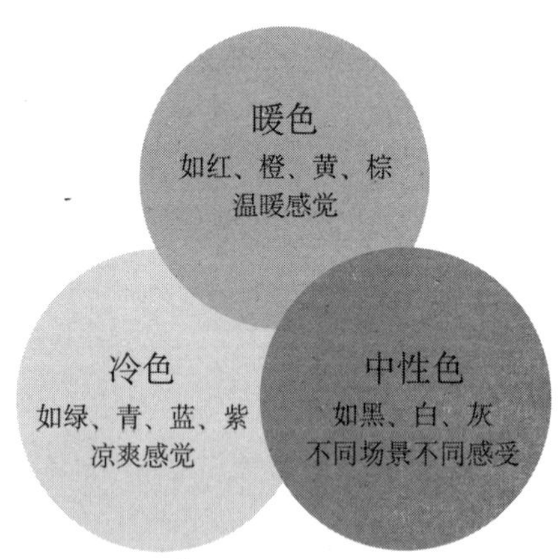

暖色的名字，会让你对温暖美好产生联想。如果你是美食品类的小 IP 定位，暖色系的词就是不错的选择。例如，“橙小乐”

这个名字就特别适合美食品类的小 IP 定位，让粉丝好友看到就联想到美味。烹饪品类的小 IP 定位，例如，“黄灿”，会让人直接想到香喷喷、金灿灿的美食而垂涎三尺。

冷色的名字，会让你对安静、凉爽、开阔、干净等词产生联想。我曾遇见到过一个小 IP“蓝冰”，就因为“蓝冰”给我一种冷冷的感觉，虽然我们均在一个微信群里，却让我感到了深深的距离感。而专注阅读方向的小 IP“蓝思”，让我联想到她的知性美，甚至产生她正在安静阅读的画面。

中性色，当我提到“黑”字，你肯定想到了我的名字“黑捕”。黑色会给人带来的神秘感，与“捕”捉本质结合在一起，让人觉得这位帮助他人探索定位的人，神奇还带点神秘色彩。而“白”字，就适合护肤美白品类的小 IP 定位。例如，“白小丽”名字，就让粉丝好友觉得她的皮肤肯定不错。

形容词

人们对形容词是有固有认知的。如果你采用了一些形容词作为自己的名字组成，切记不能和自己的形象或者定位相违背。

因为工作关系，我经常和一些小 IP 们在微信上沟通频繁，但未必都见过真人。在一次活动上，迎面过来一位娇小的女士，她打量了一下我说：“您是黑捕吧！？”见我点点头，她继续说：

“您能猜出我是谁吗？”看着一脸茫然的我，她无趣地自我介绍说：“我就是王大圆呀！”“我一直以为王大圆挺高大的！”我脱口而出。她尴尬地笑笑：“好多人都这么说。”很显然，这是个人形象与名字的冲突引起的误会。

在私域流量的女性群体里，中间带一个“小”字的尤为常见，可能都喜欢保留一些天然的可爱。不过如果你是领袖定位，那“小”就不是一个特别合适的词。当一位名叫“小小如”的小IP，说她想用领袖成为自己的定位，带领社群女性获得成功时，我内心的第一反应是会产生怀疑的。

动植物名

不同的动植物会给我们带来不同的联想。像动物里的“兔”代表可爱、亲和力；“狮”代表领袖、权威；“鸽子”代表聪慧；“蝴蝶”代表美丽等。而植物里的“松柏”让人觉得正直；“百合”让人觉得幸福；“玫瑰”让人觉得浪漫；“薄荷”让人觉得清秀等。如果特定的动植物对我们的定位联想是有帮助的，那就可以让动植物名称成为我们名字的一部分。

抖音上2000多万粉丝的“兔子牙”，名字里包含了“兔”。相比“朱容君”这一原名，“兔子牙”从名字上给人更清纯可爱的感觉，特别吻合她甜美的音乐风格。而她的代表作《小白兔遇上卡布奇诺》更强化了她的名字，相得益彰，迅速扩大了影响力。

当采用动植物名作为名字组成时，你需要注意的，除了你的定位与选取的动植物带来的联想不能相悖，你还应该适当选择一些个性化的组合。举个最常见的“玫瑰”为例，我在各类社群，见过大量的“玫瑰”，有“红玫瑰”“蓝玫瑰”“黄玫瑰”；有“玫瑰火”，还有“火玫瑰”“玫瑰宝宝”“玫瑰姐”“玫瑰麻麻”，等等。这样的名字，将淹没在“名海”中，让人无法记住。

角色名称

角色名称是目前比较流行的取名方式，“哥、姐、叔、妈、麻麻”是较为常见的。

在私域流量领域里，“某某妈或者某某麻麻”是高频出现的名字。因为宝妈是这个群体的主流人群，宝妈的身份，可以在这个人群里获得认同感。母婴类商品、这个年龄层使用的护肤品、家居用品这些品类都比较适合推荐。不足之处也很明显，这是由你孩子的名字加上“妈”或者“麻麻”组成的名字，对你个人品牌的强化略显不足，另外也容易暴露你孩子的隐私。

在网络里，“哥”是男女通吃的称呼。除了男性可以在名字后面带上“哥”，越来越多的女性，也喜欢在名字里带“哥”来体现自己的干练。“薇哥”“小张哥”“野哥”“静哥哥”这些都是女性名。

女性名里如果带“姐”，一般给人两种感觉：邻家大姐或者是某领域的领袖。例如“成姐”“誉姐”“芸姐”，哪怕叫“兔儿姐”，也能体现出这种感觉。

如何验证名字是否符合定位？方法是简单的，你只需寻求好友们的帮助，让他们把你的名字，告诉不认识你的朋友。当这些不认识你的朋友听到或者看到这个名字时，脑海中联想到的人物形象是什么样的。

如果陌生人的联想，与你的定位毫无关系，甚至相悖，那你就应该重新审视这个名字。切记不要直接去问朋友你的名字能产生什么联想，毫无疑问的是，他们脑海中浮现出的一定是你的面孔，给出的答案也必然会带有偏差。

符合定位的名字，是可以在对方心中召唤某种情感的。这样的名字是有势能、有温度的，是能激起粉丝好友认同的，也是能快速进入他们心智的。用心认真地多花些时间打磨自己的名字，会在你打造小 IP 的道路上事半功倍。因为，有定位的名字，更是你召唤粉丝的咒语。

4.2 符合定位的场景式头像

在写这一章节时，我拿起手机当场做了一个微信头像统计测试。随机点开一个微信群主汇集的微信群，查看统计了前 100 位的头像，其中风景照 7 人、单独宠物照 6 人、单独孩子照 9 人、模糊照 5 人、残缺随意照 9 人、合影照 8 人、撞车艺术照 2 人，这里一共 46 人。剩下的 54 人里，45 人头像没有任何印象，有印象的 9 人我都点开了头像大图，只有 5 名可以看出头像照片的场景是精心选择过的。

头像类型	风景照	单独宠物照	单独孩子照	模糊照	残缺随意照	合影照	撞车艺术照	无任何印象	有印象不深刻
人数	7 人	6 人	9 人	5 人	9 人	8 人	2 人	45 人	4 人
总结：只有 5 个头像照带场景									

在第一章的第一印象里，我谈了头像的七大误区，慎用“风景照、单独宠物照、单独孩子照、模糊照、残缺随意照、合影照、撞车艺术照”。在上面的案例里，这七类误区的比重是 46%。导致产生这些误区有两大原因：一是误以为你喜欢的人事物可以

代表“你”；二是缺少清晰的小 IP 自我定位。

为什么把喜爱的人事物作为自己的头像是误区呢？其原因在于你的特殊情感，无法通过头像传递到你的粉丝好友。也就是说，你的那份喜欢，粉丝好友无法通过头像感受到。无论是我们喜欢的风景，还是喜爱的宠物及孩子，这种喜爱，绝大多数都属于你专属的喜爱。这种情感的联结是你独有的，与粉丝好友并没有太大关系。例如，你历经千辛万苦，花费一天时间，喘着粗气爬上山顶，期间因为泥土地泥泞还摔了一跤。当你在山顶拍了张“一览众山小”的照片时，你自己的心情是无比激动的。而当你把这张对你来说富有意义的照片，设置成头像的时候，你的心情，你的经历，其实是传递不出去的。你的粉丝好友完全感受不到。她们只会认为，这是一张普普通通的风景照，毫无特点。

在运营私域流量的人群里，近 10% 的人会把自己孩子的照片设为头像。每一位宝妈都觉得自己孩子很好看、很可爱，内心母爱涌动，百看不厌。客观地说，你对孩子的这份爱，是你专属的。这种生物进化产生的爱意，让你选择性地只看到孩子的优点，忽略缺点。你对孩子的这份专属喜爱，通过头像，确实很难影响到你的粉丝好友。

说得再直接一些，抛开你的专属情感，大多数孩子长相也普普通通，要让其他人见到照片就喜欢是极其困难的。我们很爱自己的孩子，但是这种喜爱，无法通过头像传递，也无法代表“你”。粉丝好友自然也无法感受到真实的“你”。

而近 95% 的私域流量运营人群，缺少清晰的小 IP 自我定位。这导致头像传递的“你”不够鲜明。这包含了两层含义：“你”的定位及头像的场景化展现。如果你对自己定位是模糊的，那展现出来的头像一定也是“模糊”的。**而当你有了清晰的定位，你就会通过场景式的头像照片，去匹配展现你的定位。**

微笑，微笑，微笑

场景式的头像照片并无模板，但在看了近万个微信头像后，我总结出一个通用的秘诀：“小 IP 的头像照片要面带微笑”。这不是来自影楼的习惯，而是基于心理学原理。微笑不是一种简单的礼仪，微笑更像是一种“催眠”。它可以让看到你照片的人放下防御，快速拉近距离。

“催眠”这个词其实是来源自一个德语词汇，本意是“绕过防御”。你的行为，可以让对方放下防御，这就是催眠。可能许多电影里对催眠表现得很玄乎，但催眠的本质就是绕过防御。微笑，就是一种最常见的催眠形式。想象一下，你在一个聚会上与两人对视了一眼。一位与你对视时甜甜地笑了一下，另一位看到你时面无表情，你就能深刻地感受到微笑的力量。你会对向你微笑的人充满好感，放下戒心。

能让人放下防御的微笑需要发自内心。我相信你有在影楼为了拍摄效果，假笑到脸僵的经历。这种“皮笑肉不笑”的头像照，是起不到任何拉近距离的效果的。如果你在影楼拍了一组照片，如果有一张笑得特别自然，一定要选回来。相比影楼的这类照片，和朋友们玩得很开心时被抓拍到的照片，也是可以成为自己的头像照的。你和好朋友聚会时发自内心的笑容，你的粉丝好友，都是可以隔着手机屏幕真切感受到的。就像当你打电话给客户时，只要面带微笑，对方哪怕是隔着手机，也可以感受到你的微笑一样。

“会笑的柴犬皓二”

有人说自己就喜欢酷酷的御姐风，是否不适合露出笑容。我仍然建议，哪怕你是御姐风，也可以展现御姐般的笑容。如果你展现了拒人于千里之外的冷淡，那你的粉丝好友极有可能不敢与你沟通。

我认识一位较成功的小 IP 卢婷，她的自我定位，就是御姐风帮助女性成长为领袖的，酷酷的微信头像，具有激励型的带团队风格。在学习了微笑的魅力之后，她恍然大悟地对我说：“我一直困惑的问题，就是我的社群成员，在一些聚会上碰到我，都不敢和我合影。虽然我跟她们的沟通会比较直接，但我的内心是非常热情的。这个问题困扰了我很久，今天让我恍然大悟。我每天顶着严肃的头像说话，哪怕我的本意是温和的，由于文字表述的原因，严肃的头像，会让我的文字看过去也很有距离感。我必须要换个头像。"

没多久，卢婷就换了一个面带微笑的头像。我没有过问结果，但可以推断的是效果应该不错。一是因为微笑头像本身带来的作用，对她的第一印象，对她在社群的文字情感，都有帮助。二是因为她意识到了这个问题，就会有意识地去提升自己。"身披盔甲而有温度"，才是更好的女性社群领袖。

微信头像发展的三个阶段

经过长期的观察，私域流量里的微信头像照经历了三个阶段：第一阶段，随心所欲生活照；第二阶段，纯底形象照；第三阶段，有小 IP 定位的场景照。

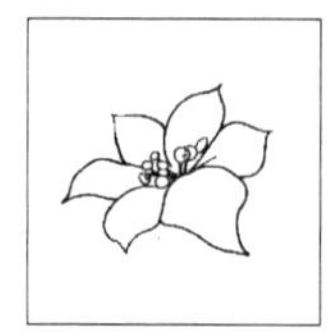

第一阶段

第二阶段

第三阶段

第一阶段：随心所欲生活照

随心所欲的生活照多数来源于沿用之前的微信头像。这个阶段，私域流量领域的人群往往没有意识到头像的重要性，也弄不清楚现阶段头像应该与之前头像有什么区别。他们仅仅把微信作为一个与客户沟通的营销工具。

这个阶段的头像是随性的，完全根据各自喜好来选择。他们觉得微信只是沟通工具，这就像手机号码一样。有人会追求极致的手机号，例如，888888 结尾的手机号，而多数人觉得普通的手机号同样可以有效沟通。

随性的态度导致这个阶段的头像千奇百怪，真的是什么图片都可能成为头像照。我们现在仍然可见的一些随心所欲的头像照，不过多数发生在刚入门的人群身上。

随着一些人自我品牌意识的觉醒，他们开始寻求专业的照片以体现自己的职业感。头像照逐渐进入第二阶段。

第二阶段：纯底形象照

第二阶段纯底形象照的兴起，甚至可以说带动了照相馆的升级。我相信你看过大量的形象照宣传海报，绝大多数都是身穿正装，或两手交叉放在胸前，或手提袖口摆姿势。似乎会让你变得更有气场，更为职业。

从众心理是极强的心理暗示。当那些用普通照片做自己头像的群主，看到有人使用了看似格调更高的纯底形象照作为头像后，纷纷去照相馆拍摄了形象照，兴致勃勃地替换了原有的头像。一夜之间，形象照头像铺天盖地，层出不穷。

随即而来的，就是我们经常会看到形象照撞车的情形。因为这些照片的姿势近乎模板化，甚至服装都极其类似。如果长相再相似一些，修图再凶猛一些，可能都分不出谁是谁。撞车的形象照，就像撞衫一样。影响力大的，降低自己的影响力；影响力小的，相形见绌被视为模仿。而这些大同小异的形象照，往往无法体现我们的特质。有人可能性格温文尔雅，硬是被拍出了女强人的感觉；有人可能风趣幽默，硬是被拍出了一副拒人千里的呆板样子。

更糟糕的是，由于这类形象照被滥用，很容易被思维定式地认为从事特定职业。会觉得你是做传统微商的、做保险的、做培训的。反正就是那类想忽悠她们，从她们口袋里赚钱的角色。

部分自我意识强烈的小 IP 们，意识到了这个问题，觉得自己必须要跳出这样的陷阱。他们知道这种让人看了就产生防御心理的头像照，会大大增加打造私域流量的难度。于是他们的头像开始进入第三个阶段。

第三阶段：有小 IP 定位的场景照

我们要放弃的是随意生活照，而不是生活照。场景式的生活照，可以体现出你的生活格调和定位。这是纯底的形象照所无法比拟的优势。因为纯底形象照，只能尽量去凸显你的长相，你的姿势，你的穿着。而场景式的生活照，不仅可以体现你的外表，更可以体现你的生活态度，体现你的品位，体现你的定位。

有代表性的生活场景可以给予粉丝好友极强的代入感。因此，找到能体现你定位的场景是关键。例如，健身定位的人，可以拍在健身房场景里健身的照片；擅长花艺定位的人，可以拍花店场景里插花的自己；而烹饪方向定位的人，可以拍自己在厨房场景里的照片。只要你花心思去寻找，基本上每一种定位，都是可以找到对应的生活场景的。

当我们明白这个道理，就能知道，有一类常见的场景其实并非有定位的场景照。那就是在汽车里的自拍照。有些人，特别喜欢在汽车里自拍。除非你是司机，否则在车里的场景并没有代表性。哪怕是所谓的豪车，也只是给人一种浮夸的感觉，对自己的小 IP 提升并没有帮助。这种仍属于没有定位的生活照。多花一些时间，去选择一个适合你的场景，才是拍出一张有定位的生活照的关键。

而手持产品的照片，更不一定是场景照。我经常看到一些人的头像，是拿着产品的自拍照，俨然一副我为产品代言的样子。实际上，如果没有使用场景，这类拿着产品的自拍照，给人一种微商卖货的既视感。更何况，有些护肤类产品的瓶瓶罐罐，小到在头像上根本看不出是什么。要知道，场景体现和产品摆拍，是截然不同的。**有定位的头像照，重心在于场景中的你，而不是摆拍产品的你。**

可能有人会问，总是找不到好的场景照去体现自己的定位，是不是可以在头像照上附加文字阐述一下？其实不必如此。有定位的场景照，相对有效地传递出我们的风格和定位就行，哪怕有些信息展示不完全也没有关系。而在头像上附加文字，就像电线杆小广告一样，破坏形象。我们营造的是一种感觉，起到刺激人的右脑产生联想的作用，而不是需要配上文字去强化左脑的解读。

符合定位的场景式头像照，是目前比较高阶的头像展现方式。优秀的小 IP 应该去找到适合自己定位的场景式头像。倘若你的场景式头像还可以和名字相呼应，“你是谁”必然跃入粉丝好友的心智。

4.3　头衔：定位的权威展现

瑞奔是我高中同学。我在自己组织的一些聚会里，会邀约他共同参加。在早期的几次聚会中，我介绍他时显得特别简单："各位，介绍一下，瑞奔，我高中同学。"朋友们寒暄几句"幸会幸会"之后，就没有主动与他交流了。哪怕他主动敬一敬酒，对方似乎也只停留在几句客套话上。

在随后的聚会里，我开始根据现场朋友们的背景来介绍瑞奔的头衔。在创始人群体的聚会中，我会介绍他是"环境检测公司的董事长"；在以职场工作为主的朋友聚会里，我会介绍他是"环境工程领域高级工程师"；在教育圈子的聚会中，我会介绍他是"超级学霸。在高中时就是班长，本硕毕业于同济大学，博士毕业于浙江大学，先后在浙江大学和同济大学两个博士后流动站工作并顺利出站。"我还会开玩笑补充一句，他是"活着的双博士后"。在特别熟的兄弟们聚会里，我只会说两个字："酒神"。

换成特定头衔的介绍后，瑞奔在聚会里每次都左右逢源。不但可以快速融入新圈子，而且由于出众的头衔，很容易成为新朋友们关注的焦点。

头衔让你更权威

头衔不仅在日常社交中至关重要，在打造小 IP 上，可以让你更权威。它可以清晰传递你的身份，提升你的影响力。人们往往会从头衔来想象你的经历，评估你的社会地位，评价你说话的权威性。

美国有两位心理学家做过测试头衔是否会影响学术论文刊登的实验。他们收集了过去一年左右由知名大学学者发表的十二篇论文。他们修改了作者的名字，并把工作单位修改成普通单位，然后他们把这十二篇论文重新投稿给发表过这些论文的期刊。由于当时审核系统并不完善，其中有九篇文章没有被期刊识别出已刊登过，因而进入了评审程序。讽刺的是，其中的八篇被评审认定不合格，予以退稿处理。这个实验充分说明了头衔的权威对他人的潜意识产生了影响。

头衔的权威还可以让信息传递更有效，帮助我们高效沟通，因为它包含了具体领域及你的能力水平。在部队里，士兵根据肩章来识别上级的头衔，从而快速决策做出反应。根据对方的头衔，我们就不用去猜测对方是谁，擅长什么，擅长到什么程度。

四步提炼你的头衔

既然头衔如此重要，我们应该如何提炼最适合自己的头衔呢？一、明确头衔的分量比数量更重要。头衔不是越多越好，头衔多了，反而容易引起身份混乱。二、避免使用泛滥的头衔。三、确定最适合你的头衔，可以是权威的，也可以是有新意的。四、给你的头衔匹配一个故事。

头衔不是越多越好

我饶有兴趣地搜索了头衔最多的人，得到的一个结果是这样的：伊丽莎白二世的头衔全称为“大不列颠及北爱尔兰联合王国与其属土及领地之女皇伊丽莎白二世，英联邦元首，信仰保护者”。比这更复杂的全称还要在后面加上如下头衔：“爱丁堡公爵夫人、梅里奥内斯女伯爵、格林尼治女男爵、兰开斯特公爵、马恩岛领主、诺曼底公爵、最尊贵的嘉德勋位骑士团领主、最尊贵的巴斯勋位骑士团领主、最古老和最尊贵的苏格兰勋位骑士团领主、最光辉的圣帕特里克勋位骑士团领主、最杰出的圣迈克尔和圣乔治勋位骑士团领主、最卓越的英帝国勋位骑士团、优异服务勋位骑士团领主、帝国服务勋位骑士团领主、最崇高的印度宝星勋位骑士团领主、最杰出的印度帝国勋位骑士团领主、英属印度勋位骑士团领主、印度功勋勋位骑士团领主、缅甸勋位骑士团领主、皇家维多利亚和阿尔伯特勋位骑士团领主、英王爱德华七世皇家家庭勋位骑士团领主、功勋勋位骑士团领主、荣誉勋位骑士团领主、皇家维多利亚勋位骑士团领主、最威严的耶路撒冷的圣约翰医院骑士团领主、加拿大勋位骑士团领主、澳大利亚勋位骑士团领主、新西兰勋位骑士团领主、巴巴多斯勋位骑士团领主、忠勇勋位骑士团领主、军功勋位骑士团领主、皇家警察功勋勋位骑士团领主。”

我相信后面的头衔你肯定没有看完。这个极端特例告诉我们，头衔多了，身份的传递反而容易模糊，对方接收头衔代表的信息也会感到很累。伊丽莎白二世的所有头衔其实就指向了“女皇”二字。

达·芬奇众所周知的头衔是世界上有史以来最伟大的画家之一，他的作品《蒙娜丽莎》闻名于世。实际上，许多人不知道的是，他涉及的领域包括：素描、绘画、雕塑、建筑、科学、音乐、数学、工程、文学、解剖学、地质学、天文学、植物学、古生物学和制图学。他还被称为古生物学、植物学和建筑学之父。“世界上有史以来最伟大的画家之一”已经足以证实他的高度。头衔的作用是清晰地传递出你最擅长的领域，而不是通过一堆头衔来告诉大家你是“全能”的。

避免使用泛滥的头衔

头衔一旦泛滥成灾，就失去了价值。在私域流量领域里，我见过大量的“导师”，各类级别的“讲师”，不知有没有真实项目的“创始人”，号称有万人社群其实只有两百人的“大咖”。因此，当你使用某个头衔时，你必须谨慎考虑，这个头衔是否会有消极的含义。例如，“专家”，很可能代表不接地气；“讲师”，很可能代表忽悠，等等。曾经有人问我一个问题，成为讲师的鉴定标准是什么？我一时语塞，竟回答不上来。加之朋友圈铺天盖地的课程海报，似乎你能做出一张海报，就是一名讲师。当专家、讲师遍地的时候，你要么有这个头衔强有力的信用背书，要么就应该放弃这样的头衔。

在这“头衔膨胀”的时代，人们的头衔一个比一个“高大上”。就“讲师”而言，随处可见金牌讲师、钻石讲师、首席讲师，有人恨不得给自己“宇宙第一讲师”的头衔。我见过一些自封“首席讲师”头衔的人，分享逻辑混乱，语言表述不清，这样虚假的头衔不仅毫无意义，反而是一种累赘。倒不如踏踏实实地使用其他头衔，哪怕现场分享水平一般，听众也是可以理解甚至是鼓励的。

头衔膨胀带来的问题，就是信任缺失。一旦你的头衔取得虚高，自己无法承载，反而给你的影响力带来了副作用。

网络上流传着这样一个段子：自诩为国内知名机构的慈善大使，其实是一位卖彩票的小老板；信息实体化传媒总监其实是发传单的；长方体混凝土瞬间移动师其实是搬砖的；共享计算机财务部总监其实是网管；进出口管理高级工程师其实是门卫等。虽然这是一个段子，但代表了虚高头衔带来的仅仅是笑话而不是信任。

在这里列举一些高频后缀：博主、大V、达人、老师、讲师、高级顾问、团队创始人、导师、创业导师、专家、大师、联盟发起人。这些高频后缀本身都是好头衔，只是现在使用此类头衔的人良莠不齐，过于泛滥。

如果你必须使用泛滥的头衔，那一定要有强有力的信用背书。例如，“讲师”这个头衔，有别于其他人的信用背书可以是你的教师经历，可以是你出版过的一本书，可以是你有一套热卖的知识付费课程；可以是你在国内外知名企业的工作经历。这些相对有门槛的背书，可以有效区分你与“山寨讲师”的不同。

小 IP 的头衔可以更有新意

一味追求权威的头衔，是这些头衔泛滥的原因之一。对于小 IP 们来说，恰当的有新意的个性化头衔，甚至比权威头衔更有效。

在中国的互联网公司里，花名是非常流行的一种员工称呼。而在国外一些公司里，他们会更自由地给自己赋予新颖的个性化头衔。有公司会给公司前台封为“第一印象总监”。相比毫无感情的“前台”头衔而言，“第一印象总监”更具有想象空间。而有的公司数据工程师会自称为“数据侦探”，甚至还有“IOS 忍者”“JAVA 武士”“脚本大师”，等等。

沃顿商学院的教授亚当·格兰特曾经说过，个性化头衔能够缓解员工的疲惫情绪，减少工作中的压力。这一结论是格兰特对公益组织许愿基金做了一项研究后得出的。许愿基金是一家全球性机构，致力于帮助生命垂危的儿童达成心愿。虽然这是件极具意义的事情，但是许愿基金的员工面临着巨大的工作压力。后来，许愿基金开始在内部推行个性化头衔，例如，CEO 的新头衔叫“许愿圣母”，COO 的新头衔叫“金钱和理智大使”，许愿经理叫“快乐回忆制造者”，公关经理是“魔法信使”。这些头衔，还会和传统头衔一起印在名片上。虽然这只是很小的一个改变，但它赋予了员工特有的价值，传达出感情色彩，让员工自我认定，缓解情绪压力，更愉悦地工作。

和热词结合的头衔也可以带来新意。前阵子“增长黑客”这个词很火，如果你的小 IP 定位是和领袖定位相关的，那么“首席增长官”就是不错的头衔，代表着你可以带领社群成员实现社群人数和销量的快速增长。

再来看看国外一些公司极具想象力的个性化头衔，或许可以给你带来新启发。

首席口味官：贾斯汀·汀布莱克是个音乐人兼演员，2016 年 10 月，汀布莱克正式成为 Bai Brands 公司的“首席口味官”。他将帮助这家饮料公司开发新的口味产品。

时尚传播官：瓦伦丁·尤霍夫斯基，就职于 Tumblr 公司，其职责是与各大博主、设计师和时尚品牌进行合作，拍摄高大上的时尚照片。

首席偏执狂：雅虎的首席偏执狂的工作是维护信息安全，“首席偏执狂”听起来比“首席信息安全官”炫酷多了。而且它还强调了雅虎在信息安全的态度：信息安全，马虎不得，偏执到底。

内部哲学家：尽管谷歌是技术搜索巨头，但常常会碰到复杂的哲学问题。“内部哲学家”的工作就是要用“人文主义的视角”来解决一些人工智能解决不好的问题。

培根评论员：时代公司旗下品牌 Extra Crispy 还真的聘请了专门的培根评论员。他的职责就是试吃培根并发表评论，在一个月里已经试吃了用 31 种动物肉制成的培根。

首席麻烦制造者：是不是 CEO 找你的时候，就觉得心里发怵，麻烦来了？网页设计公司 Matrix Group 的乔安娜·皮内达自封为公司的“首席麻烦制造者”，她说：“我经常会制造麻烦。哪怕是项目小组讨论了几个小时出来的方案，我仍会说，我们重来一次怎么样？”

数字先知：大卫·成是 AOL 公司的“数字先知”。这个头衔让他倍感自豪，他甚至在自己的名片里边嵌入的一块微芯片，并写着“数字先知，AOL”。据说，AOL 公司每年付给他六位数的薪水，来观察“未来是怎样在广泛的网络格局上形成的”。

披萨学院院长：必胜客的披萨学院院长，不仅懂战略，擅长领导，可以对必胜客的经理们进行培训，培训内容甚至包括最基础的如何正确地切披萨及将披萨放到披萨盒里。

首席试玩官：每年玩具巨头玩具反斗城都会招募“专员”，对即将上架的热门玩具进行试玩和评测。对多数孩子来说，这一定是“世界上最酷的工作”了。

首席商品收藏家：2013 年，eBay 公司聘请了 200 名“收藏家”，多数都是“网红”和“达人”。粉丝们可以看到他们最近在 eBay 上收藏在“收藏夹”里的商品。还有什么比看达人收藏的商品更有趣的事呢？

三明治艺术家：赛百味的店员。

是不是这些富有创意的头衔让人脑洞大开，印象深刻并具有传播力呢？作为私域流量的小 IP，我们也可以考虑一些有趣的个性化头衔。

茶饮品测官： 品各类茶饮料，给出分享观点。

富婆村村长： 如果你要带领宝妈走向成功，这个头衔饱含意义并不失风趣。尤其是一、二线城市的女人们，更喜欢这个头衔。

一个了解各行各业内幕的女子： 这个头衔看过去风轻云淡，但内幕两个字，起到了画龙点睛的作用。人们对内幕总是充满好奇，也更愿意相信"内幕"。

6% 低脂生活的健身达人： 健身塑形是多数女性永恒的需求和话题。如果仅仅是用健身达人做定位，较难有说服力。通过数字化的低脂生活做修饰，这样的头衔让人印象深刻，过目不忘。

红花堂堂主： 有些女性，外表看上去柔弱，但内心都有种行侠仗义的武侠风。如果你的社群适用武侠风，你大可以给自己起一个富有江湖气的"堂主"头衔。

床上用品首席试睡师： 床上用品是一大品类，一些人想抢占这个品类的时候，总找不到合适的头衔。而"首席试睡师"从场景化的角度给出了描述，让人脑海中浮现出你在床上安然入睡的样子，一定比"乳胶枕达人"这样的头衔好很多。

给你的头衔匹配一个故事

如果可以，给你的头衔匹配一个故事。故事是人类交流的货币，能大大加深人们对你头衔的记忆。有这么一则关于砌砖的故事：小福来到一个建筑工地，看到有三个人在工作，她先问第一位：“你在干什么？”第一位回答说：“我在砌砖啊！”。小福又走到第二位身旁，问：“你在干什么？”第二位回答说：“我在修墙啊！”。于是小福走到第三位身旁，问：“你在干什么？”第三位说：“我在建一所学校，这样我们这里贫穷的孩子，就可以读得起书，学得了知识，他们就可以走出山里，去学好知识，回来帮助更多的人建设好家乡。”同样是建筑工人，第三位通过故事，让“砌砖”这份工作饱含温暖，让人感动。

同样一件事情，理性回答和通过故事阐述，影响力是截然不同的。故事将信息放入情感化的场景之中，从而对大脑的杏仁核产生冲击，加强印象。微软有个职位叫“首席故事官”，首席故事官并不负责销售任何商品，他负责通过故事改变人们对微软的认知。这足以证明故事的重要性。

TED（指 Technology，Entertainment，Design 在英语中的缩写，即技术、娱乐、设计）是美国的一家私有非营利机构，该机构以它组织的 TED 大会著称，这个会议的宗旨是“传播一切值得传播的创意”。有人对优秀的 TED 演讲内容进行分析统计发现，演讲者在自我介绍上花的时间在 10% 左右，理论和推理自己观点的时间大约在 25%，而余下 65% 的时间都在讲故事。

因此，编织与你头衔相关的故事，让你的头衔更具有传播力。当人们在介绍你头衔时，不仅仅是干瘪地说出你的头衔，他们还可以讲述你头衔里让人印象深刻的故事。说者开心，听着有意。

犹太人有个比喻：“真理”赤露着身体来到人群中，人们都害怕它，不敢直视它。后来，有位叫“智慧”的老人把它请回家，用“寓言”给它做了一件外衣。当它再出去的时候，所有人都喜欢它。从小到大，我们从寓言故事里明白真理，不由自主地传颂寓言故事。给头衔匹配故事这个方式，值得我们打造小 IP 时“深度学习”。

头衔不仅带给我们权威，背后更代表着责任和承担。当你赋予了自己一个优秀的头衔，就意味着你的行为必须与头衔相匹配。每一个头衔，都代表着一种约束，一种高度，一种信仰。维护你的头衔也是促使你快速成长的动力。而你的努力，就是把你的名字与头衔画上等号，深入人们的心智。

4.4　高价值私域社群的定位

“一个人的梦想只是梦想，一群人的梦想就能成真。”

——约翰·列侬

私域社群是我们运营高价值私域流量的主要载体，是我们小 IP 定位的延伸场景。互联网社群伴随着互联网历程同步发展，人们现在俨然已经淹没在海量的互联网社群中。因此，找到高价值私域社群定位，打造私域社群专属文化，成为社群成败的关键。

私域社群的终极奥义

曾经看到这样一个煞有介事的活跃社群方式：“想活跃社群，你需要在合适的时间，由小到大制造红包雨。红包雨的发放是极其具有技巧的。怎么做呢？你要发三轮红包。发第一轮红包的时候，你要搞一个突然袭击！在大家都没有防备的状态下，发出第一轮红包。这轮红包，你不要发一百个，不会那么多人领，红包领不完你就很尴尬了！第一轮可以发五个红包，这五个红包肯定会瞬间被抢完的。在第一轮红包结束之后，你预告说三十秒钟之后要发第二轮红包。那么抢到第一轮红包的人就会等着，其他的人看到红包提醒，也会陆续进来一探究竟。你过三十秒钟之后再发一轮，例如发十五个红包。那么，这十五个当中有五个是刚才领过你红包的人。那你要注意这五个人，她们是你最需要沟通的最活跃的人群。你还可以再预告，一分钟以后，要发第三轮红包。此时就会有更多的人进来关注你，这些人就被激活了。在发放第三轮红包后，群活跃度就上来了，而你就可以发布要传播的消息了。”

这个方式看过去有章有法，仔细想想却甚为荒诞。就一个几百人的社群而言，做一次活动，需要发二十几个红包，考虑到投入产出比，这肯定是亏本的买卖。更何况，通过红包给社群“续命”来活跃社群，治标不治本。这种略带讽刺的社群运营方式，实际上也暴露出打造私域社群的难点：社群建立起来后，很容易变成“死”群。

“我那么在乎，在你眼中却显得那么无所谓。”用这句话形容我们对私域社群的情感，真的是太贴切不过了。人们对私域社群总是又爱又恨。兴致勃勃地建立微信群，活跃了两三天，说话的人就越来越少，甚至有“新群活不过七天”的魔咒。破解魔咒就成为了难题，那有没有一个法则，可以帮助我们打造高价值私域社群呢？

我在接触了成千上万个私域社群后，提炼出打造高价值私域社群的终极奥义。终极奥义就是由 20 个字组成的一句话：**调动信任你的小伙伴的积极性，去影响其他群友**。这 20 个字，不仅深刻揭示了高价值私域社群的奥义，还包含了做好私域社群的三个步骤：“找到信任你的小伙伴；调动（信任你的小伙伴）的积极性；去影响其他群友。”

打造私域社群三个步骤

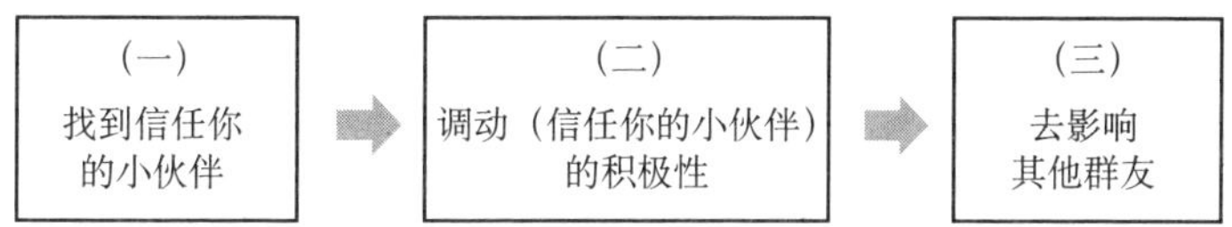

1. 找到信任你的小伙伴

百分之八十私域社群的生死，在你建立社群的那一刻，就已经决定了。许多人微信拉群非常随意，根据微信列表的排序逐一拉微信好友入群。结果发现热闹两三天后，社群就沉寂了。这种错误的步骤和方法是不可逆转的。一旦出现问题，将无法挽回。

实际上，找到信任你的小伙伴，是打造你的私域社群的第一步。你必须认真思考，在你的微信好友里，哪些小伙伴是充分信任你并适合建立的社群的，列出他们的名字并在你拉群之前和他们一一沟通，挑选出对你新群真正有兴趣的并充分信任你的小伙伴。需要强调的是，选择小伙伴的第一标准是信任度，而不是能力，并不是能力越强，帮助就越大；而是对你越信任，帮助越大。

正如俗话所说："三个女人一台戏。"私域社群就是你搭建的舞台，想要把这个舞台演得精彩，你至少需要两位充分信任你的小伙伴，与你一起"唱戏"。这样，你就不会出现孤掌难鸣，全社群就是你一个人在说话的尴尬局面。

2. 调动（信任你的小伙伴）的积极性

你在调动社群氛围的时候，是否希望引入的话题可以让绝大多数群友都参与进来？这是我们的目标，但不是我们引入话题的方法。想让绝大多数群友都参与进来，难度大并且没有必要。

社群的氛围，就像水滴从高处落入池中一样地逐层散开。对于小 IP 们而言，我们要做的是充分调动信任我们的小伙伴们的积极性，在社群这个池子中产生涟漪，扩散开来。选择一个与社群定位相符的话题，就像和几个闺蜜聊天一样，轻松自然地把这个话题抛出去。这种状态，会让你感到很舒服，话题自然也会变得轻松而不生硬。其他群友看到你们的内容和状态，不知不觉会被吸引进来，从而延伸出更多的话题。

因此，如果你苦恼社群氛围不好，感觉都是自己在自言自语，那就是找错了互动对象。倘若你总想着去调动所有群友的积极性，尤其是那些并不熟悉的群友的积极性，肯定事倍功半。想象一下，当你参加一个沙龙活动，频繁地寻找不同的陌生人沟通交流，这会有多累。

信任我们小伙伴的积极性，你还可以通过给他们社群头衔，提升社群荣誉感来调动。你可以设置社群学习委员，管理群友发布的素材内容，给出专业的改进建议；还可以设置首席文化官，发布和你社群文化相关的内容等。大家分工明确，配合默契，私域社群的团队化运营就能更上一层楼。

3. 去影响其他群友

调动信任自己的小伙伴的积极性，就是为了影响其他群友。注意这里的关键用词：“群友”。与信任你的“小伙伴”不同的是，那些并不是特别熟悉你的群友，一开始会以将信将疑的态度在观望。

你与小伙伴们积极讨论的话题，起到两个目的：一是让部分群友参与进来，二是让旁观的群友受到潜移默化的影响。在不久的将来，部分参与进来的群友，将会转化成你的粉丝好友，甚至成为信任你的社群核心成员。而那些喜欢默默旁观的群友，就让他们保留自己的喜好，不必强求他们参与讨论。当他们关注你和小伙伴们的聊天互动时，在潜移默化中就已经被影响。在特定的时机，就能产生转化效果。这是利用从众心理对群友们产生影响的典型方式。

在女性社群里，从众心理表现得尤为突出。我曾经主持过一个五百人的私域社群分享活动，正式分享是下午三点开始，到四点结束。分享结束后，群友纷纷表示感谢：“非常感谢黑捕老师的分享，受益匪浅。”随后就是大量的复制粘贴接龙。虽然我中途多次回复：“感谢大家，请不要再接龙表示感谢”，但毫无作用。这个接龙，一直持续到晚上六点十二分，整整两个多小时。

后面点开微信群的群友，多数根本没有查看聊天记录，条件反射般地复制粘贴点击发送，只为刷一刷自己的存在感：“你们都回复了这句话，我也要回复一下，因为我们是同一个群体。”

私域社群在我们运营私域流量里起到最重要的价值，就是通过从众心理，让理性的人变得感性。而当人变得感性，甚至变得冲动后，自己的行为就会下意识地与其他人一样，产生自购或者分享行为。一个五百人的群，你引出的一个观点，如果有五个人呼应你，其他群友就会觉得这事是靠谱的。如果有十五个人呼应你，其他群友就觉得你已经是一呼百应了，完全不需要一百人。这是微信社群的独特之处，我们需要充分利用好这个特性。

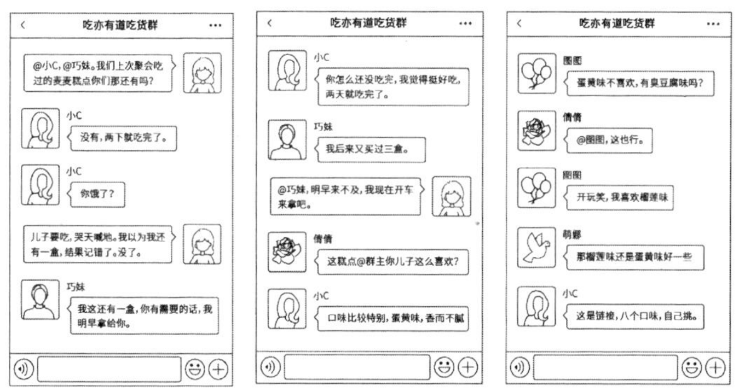

调动信任你的小伙伴的积极性，去影响其他群友

你的定位决定社群定位

高价值私域社群的终极奥义里指出，小伙伴对你的信任尤为重要。事实上，小伙伴的信任就来自你的小 IP。因此，你的私域社群的定位，需要与你的小 IP 定位一致。

你在社群定位领域的影响力决定了你在社群里的被响应程度。

首先是核心小伙伴的响应程度。你邀约的核心小伙伴在初期一定是热情高涨的，但热情过后，他能否持续响应你的话题，就取决于你在社群定位领域的持续影响力。胡梦蝶就碰到了这样的困惑，拥有三万抖音粉丝的她建了一个三百人的短视频学习社群，邀约了她的好朋友芬芬一起运营。一开始芬芬特别配合胡梦蝶，积极宣传，高频互动。可在几天后，芬芬一不小心有个视频上了热门，一下子涨了两万多粉丝，粉丝总数反而超越了胡梦蝶。这几天，胡梦蝶明显感觉芬芬在配合上，积极性下降了很多。我说："芬芬在配合上热情下降，自我意识变强，这太正常不过了。你唯有保持领先的影响力，才可以获得持续的配合响应。"

其次，你的影响力决定了其他群友的融入速度。你的影响力越大，你的互动话题就越容易被其他群友响应，客观上，这就加速了他们融入社群的速度。你只要留意所在的一些微信群，就会发现群里有威望的人一说话，跟随互动的群友数量就会大大增加。一来二往，他们就更容易融入社群。

最后，**影响力决定社群响应，这对你的互动话题产生了反向要求**。这就要求你在互动内容的选择上，是以提升自我影响力为目标，而不是以社群活跃度为主。弄不清这两者区别的社群主，陷入的误区就是在社群互动上，会选择或者放任一些与社群定位无关的话题，例如，一些明星八卦。这些话题虽然对社群的活跃帮助很大，但对提升社群价值帮助不大，对强化你的影响力帮助不大，消耗时间，甚至一些你不擅长的话题，还会起到弱化影响力的反作用。

私域社群与小 IP 的定位需要保持一致，背后隐藏的逻辑，在于你的小 IP 影响力能否做到跨品类占领心智。如果你小 IP 定位是美食品类，而你要打造一个护肤社群，很容易带来驴头不对马嘴的错位感。这种错位感来自别人对你的心智认知在于美食品类，他们对你的其他方面一无所知。“这不是个美食达人吗？怎么做护肤去了？”实际上，你基本也无法消除这种困惑。

跨品类占领心智是巨大的挑战。哪怕同一主品类下的不同细分品类，单一品牌都很难抢占心智。可口可乐是我们熟悉的可乐品牌，而在饮料品类里，可口可乐公司旗下还有雪碧、芬达、怡泉、酷儿、美汁源、水动乐、粗粮王、爆锐、淳茶舍等细分品牌，去代表不同的饮料细分品类，而不是用一个品牌去代表所有的饮料细分品类。而小 IP 们作为一个完整的人，自我定位和社群定位却是两个方向，这显然会引起人们对你的认知混乱。

私域社群本应是你小 IP 定位的放大器。如果你的定位与社群定位不一致，等同于你在缩小自己的小 IP 影响力。这种矛盾让"你"变得模糊，就像"每个人心中都有一个哈姆雷特"一样，一百个群友心中，就有一百个你。这样松散的私域社群，虽然形式还在，但在社群成员的心里，早已解散。

私域社群名称的三种形式

整体说来，私域社群名称有三种形式：根据小 IP 本人名字延伸的社群名称；创意型社群名称；社群品牌型名称。

私域社群名称有三种形式：

- ☑ 根据小IP本人名字延伸的社群名称
- ☑ 创意型社群名称
- ☑ 社群品牌型名称

根据小 IP 本人名字延伸的社群名称一般来源于自我意识比较强的小 IP。像“梦卡卡的佳人们”“罗星辰的冠军们 2020”“徐小璐的美食天团”这些就是个人名加上社群定位的组合名称。这类社群名称，对我们自身的影响力要求极高。如果你已有较大的影响力，而且有一群比较忠实的粉丝好友，可以采用这类名称，就像“樊登读书会”一样。但如果你才刚刚起步，大家对你还不够了解的时候，你采用这样的社群名，往往会适得其反。群友们的心态就是：“你是谁？我为什么要在你的群里？感觉我是你的粉丝团一样。”

创意型的社群名称就会显得有趣很多。例如，代表副业兼职的“让手机养我们”；代表美妆护肤的“爱照镜子的仙女们”“每天至少三张自拍哦！”“精致的猪猪女孩们”；代表演讲社群的“言值社”，等等。这些蕴含品类领域的创意型名称，会让社群成员觉得轻松很多，通过平时的话题与互动，加强他们对社群的认同度。

社群品牌型名称主要来源于团队意识比较强的领袖定位小 IP。他们把社群看作是团队，把社群名看作是品牌。他们会像品牌取名一样，去考虑自己的社群名称，甚至还会给自己的社群配上 LOGO，例如“嘉蜜”“三水木”“捕捕”等。这类社群名对加强社群凝聚力是有帮助的。不过需要注意的是，虽然他们有一定的品牌意识，但多数人并没有品牌保护意识。也就是说，如果你要取这类的社群品牌名，就必须要考虑商标的问题，否则容易在不知不觉中侵犯了同名商标品牌的权益。

相信重复的力量

你需要不断重复强调你的社群定位。重复，是一种加深受众印象、操控受众潜意识的重要工具。只有通过不断地重复，才能强化你社群的定位。相比与定位无关的活跃话题，重复定位相关的话题，可以积累势能。

重复你的社群定位，需要在你的社群里，增加定位品类相关的素材。萌小萌，每天早上在她的微信群里发一些鸡汤文，雷打不动。看着鸡汤文后面群友跟进的“认同”表情，萌小萌还挺开心的。当她蛮得意地告诉我这件事的时候，我说：“你只需要调整一下，把你每天固定的鸡汤内容换成与你社群定位相关的内容，用同样的时间做同样的事情，但后者可以帮助你提升社群的势能，让你的私域社群具有更高的价值。”

在邓巴数（也叫 150 定律）的提出者罗宾·邓巴所著的《社群的进化》扉页有一句话我特别喜欢：“与最聪明的人共同进化。”这也反映出社群成员的心态：我加入你社群的目的，就想能与优秀的你一起成长。切记，没有人会在定位模糊的社群里浪费时间。.

4.5　定位验证：具有穿透力的小 IP 海报

在我们常用的内容展现媒介里，两种尤为特殊，一种是PPT，另一种是海报。PPT 这是大家都熟悉的，我们在无数的场合接触到 PPT，知道 PPT 的作用是承载你演讲的内容和思想。借助 PPT 承载演讲内容的特性，有些做 PPT 技巧培训的老师，华丽转身升级成为演讲培训的导师。因此，对 PPT 而言，到底是 PPT 的技巧重要，还是 PPT 所呈现的内容更重要？这是不言而喻的。

同是内容展现媒介，海报则有些不同，人们常常把海报的好坏归咎到设计师身上。“这张海报做得真漂亮”是我们常常听到的评价。小 IP 们都有自己的专属海报，但多数聚焦在设计排版而忽略了海报内容本身的穿透力。海报的价值远被低估，部分小 IP 们觉得海报的重心就是自己的那张照片，导致海报内容杂乱无章，毫无定位。自然，这样的海报也就失去了传播力和穿透性。

海报超乎想象的重要性

在电影圈内有着这样一句话：一张好的海报价值 2000 万元

票房。如果说电影是流动的艺术，那海报就是凝固的艺术。一部电影的票房，与海报的好坏息息相关。有说法称，海报是一部电影的自述，也是一部电影的灵魂。甚至在七八十年代的香港电影中，电影的票房完全由宣传海报决定。

雷军说过："如果一张海报要触达几千万用户，那么这张海报就属于战略的一部分。如果作为战略执行的海报做得很差，用户看不懂，那你的战略就缺少穿透性。"同样，对于运营私域流量的你来说，你的定位就是你的个人战略，你需要将定位通过一张海报极具穿透性地传递出去。

一些小 IP 们对于海报的误区，在于对海报好坏的评价主要是根据海报设计得是否漂亮，甚至是海报里自己的形象照是否漂亮。这种决策方式，必然导致决定海报"生死"的是摄影师和设计师。但如果有人问你，决定你定位的是摄影师还是设计师？显而易见，你肯定会坚决地摇摇头。

改变对海报的错误理解，就需要改变思维。**一张海报的好与坏，在于你的粉丝好友看到你海报的综合感受。**他们通过你的海报，感受"你"的样子，你的名字，你擅长的领域，产生联想。不仅深深记住你，而且还能激起转发的冲动。

而对于第一次见你海报的人来说，他们脑海中根据你的海报信息，形成的一个生动的"你"。他们可能单纯地喜欢你的名字，你的名字让他产生美好的联想；可能喜欢你的样子，甚至想象自己就是海报中的“你”。就像我们看到电影海报中的英雄人物，会幻想自己也穿着他的服饰，拥有他的能力，成为“他”拯救世界一样；可能是因为你的头衔，觉得你是他正好需要的那个人，你擅长的领域可以弥补他的不足；还可能是因为你的课程，让他觉得是目前需要学习的内容。当然，很可能，他们甚至会单纯地喜欢海报颜色，爱屋及乌地喜欢你。但无论如何，这是一个综合感受，就像第一印象一样，当你的海报映入他们眼中的一刹那，他们就已经决定是否喜欢你了。

因此，你需要一张带有小 IP 定位的海报穿透粉丝好友的心智。这张海报不用太长，只需手机屏一屏的大小，完整鲜明地展现“你”是谁。

而这张能代表你的小 IP 定位海报，包含 6 个重要元素。一张能体现小 IP 定位的海报的内容组成六要素为：名字、核心头衔、相关信用背书、海报照、代表课程、专属 VI 色。其中三个与你的微信第一印象一致，另外三个是海报特有的元素。

名字、核心头衔及相关信用背书，通过之前的章节我们已经很熟悉了，这里重点看看海报专属的另外三个元素：海报照、代表课程、专属 VI 色。

海报照：是符合你定位的相对正式的形象照。微信的头像照，最好是符合我们定位的生活照。而海报照不同于头像照，海报照是符合你定位的形象照。这里的形象照指的是背景比较干净的照片，而不都是西装革履的商务风。

海报照的选择，需要和你的定位一致。想象一下，如果你的定位是与星座相关的定位，而你的形象照是典型的职业西装照，这种不和谐会让你的海报毫无穿透力，让人产生混乱感。形象照的漂亮固然重要，不过符合你的定位才是最佳选择。

代表课程：要作为一名优秀的小 IP，需要打磨一堂自己擅长的课程。通过知识分享形式传播自我，是提升影响力的有效方式。多数海报的应用场景在于你要分享的一堂课。无论这堂课是图文形式，还是语音形式，这门课程可以代表你。

打磨课程的方式方法有很多，这里重点强调的是：课程不在于多，而在于精，在于有代表性，在于和你的定位相关性。有些人分享课程，不关注自己，常常是对方要求分享什么内容，自己就去准备什么内容。他们不知道的是，分享那些与自己的定位关系不大的课程，虽然花费了时间，但是对提升自己的影响力并没有多少帮助。

请记住，验证一名培训师的培训效果的最佳方法，就是看他的影响力有没有持续提升。只要你的课程分享效果是好的，那你的小 IP 影响力自然逐渐放大。

专属 VI 色：专属 VI 色是指视觉识别度高的专属你的颜色。我们都知道 TIFFANY 蓝，只要看到这种蓝，马上就想到 TIFFANY。虽然我们无法做到如此鲜明的识别度，但你仍然需要强化一种有代表性的颜色，让大家产生某种关联印象。例如，我的海报偏好黑底，不仅是因为喜好，更重要的是为了结合“黑捕”的名字，强化自己在粉丝好友中的关联印象。

小 IP 的海报一定要去强化一种颜色。有些人觉得经常使用一种颜色会不会显得无趣，因此经常变换自己的海报颜色。这种想法是错误的。想象一下我们的新鲜感，是为了满足自己的需要，还是为了满足粉丝好友需要？我们自己确实盯着自己的海报看了无数遍，但我们的海报并没有高频到让粉丝好友对颜色厌烦的程度。如果我们不断更换海报颜色，你在粉丝好友的心智中就会变得五颜六色，这俨然是错误的。

你要像可口可乐坚持红色一样，像百事可乐坚持蓝色一样，像黑捕坚持黑色一样，去坚持一种颜色。逐渐地你会发现，在你的私域流量里，这种颜色就会成为你的专属色，粉丝好友只要看到这种颜色的海报，就会想起你。

一张优秀的电影海报，可以自述电影故事；一张优秀的小 IP 定位海报，可以自述你的故事。微信好友看你微信朋友圈的时候，获得的信息是丰富的，也是繁杂的，自然也无法了解你的价值观与故事。而小 IP 定位海报，能把你的信息变成“故事”。故事是获取信任的捷径，粉丝好友深度关注你的内在原因就是你的故事。让粉丝好友自行解读“你”，他们自然会更喜欢你。

粉丝好友能否根据你的海报解读出“你”的故事，是判断海报好坏的标准。而对于你自己而言，判断小 IP 定位海报的好坏，则在于你是否值得把你有限的资源，投入到这张海报中去。要明白，小 IP 定位海报，是你小 IP 定位的验证工具。如果你通过小 IP 定位海报，能极具穿透力地展现自我，传播开来，那你的小 IP 定位就是能获得阶段性成功的。

第五章
阶段性升级你的定位

5.1 升级定位的重要性

“我们判断自己，是根据我们能够做到的事情；而别人判断我们，乃根据我们已经做成的事情。”

——亨利·华兹华斯·朗费罗《卡瓦纳》1849 年

升级小 IP 定位是非常有必要的。如果你把自己的小 IP 比作是一款极致的具有影响力的产品，智能手机 iPhone 的升级历程，就值得我们深度学习。

2007 年 1 月 9 日，一位身穿普通牛仔裤，黑色圆领套头衫，戴着无框眼镜的微秃男人乔布斯，在 MacWorld 上，温文尔雅地说：“今天我们将一起创造历史。”既而他背后的大屏幕，出现了第一代 iPhone，他对比了 iPhone 和键盘手机，最后慷慨激昂地说：“iPhone！今天苹果重新发明了手机。”同年 6 月 29 日，第一代 iPhone 在美国发售，仅支持 2G 网络，没有蓝牙，分为 4GB 容量与 8GB 容量两个版本，售价分别为 499 美元与 599 美元。

第一代 iPhone 的定位是显而易见的，触摸屏替代物理按键，据说是乔布斯在幼儿园观察得到的结果：孩子喜欢滑动，喜欢用手指触碰。这些人类的本能，启发了乔布斯给苹果手机做了全新的定位：与众不同的触摸屏。人们瞬间记住了这款手机，虽然第一代 iPhone 并不是那么好用，但全世界都已经关注它。

接下来，苹果差不多保持着 12～18 个月发布产品的节奏，对产品进行升级。我列举一些具有里程碑的升级事件。

2008 年 6 月 10 日，在苹果全球开发者大会上，第二代 iPhone 与大家见面。它开始支持 3G，同时还推出了 App Store，内存扩大了一倍。这次升级中，最重要的是软件升级，App Store 的推出，同样是手机软件里具有划时代意义的。

2010 年 6 月 8 日，乔布斯在美国 Moscone West 会展中心发布了 iPhone 4，它采用前后玻璃面板加上金属边框的设计风格，成为那个年代的颜值巅峰，所以这次升级，在外形上，万众瞩目。

2011 年 10 月 4 日，iPhone 4S 问世。可惜的是，这次升级，是乔布斯生前的最后一款作品。对于 iPhone 4S，最亮眼的是 Siri 的首次亮相。这意味着以语音互动为代表的智能手机诞生。智能手机向类似人类语言的沟通上迈出了重要的一步。

虽然接下去，仍然是 12 个月左右做一次升级，但除了 iPhone 5S 首次加入指纹传感器，人们可以通过指纹解锁，并没有太多变化。直到 2017 年 9 月 13 日，苹果发布了 iPhone X。

iPhone X 是首款刘海屏设计的全面屏手机，它取消了苹果沿用了 10 余年的 Home 键，开启了 Face ID 人脸识别时代。

再接下来的近 3 年，直到现在，iPhone 的升级集中在性能上，例如，拍照性能，运行速度，存储空间，等等。

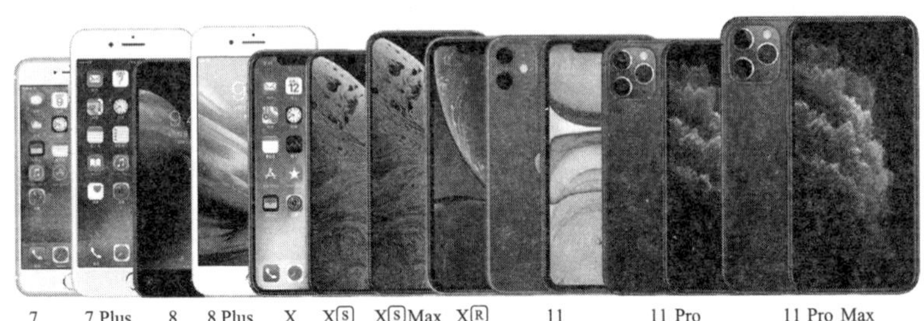

iPhone 的升级（2007—2020）

iPhone 第一代的定位是如此之成功，但请试想一下，如果 iPhone 仅仅停留在 2007 年的第一代，会怎么样？结果毫无疑问，结局只有被“淘汰”。iPhone 只有通过自己不断地升级，或在性能上，或在外观上，或在交互上，才能建立起现在手机领域的强势品牌地位。iPhone 初始定位为触摸屏的智能手机，可后来各大手机厂商都推出了触摸屏智能手机，触摸屏成了智能手机的标配。iPhone 则升级定位为颜值最高的智能手机，再升级定位为可以语音交互的智能手机，继续升级定位为可以通过指纹控制的智能手机，直到目前升级定位为通过人脸识别可以交互的智能手机等。

iPhone 定位升级的思路，是值得我们学习的。你的小 IP 定位并不是一成不变的。世界在变，内在在变。只要时机合适，你的定位也需要升级。

沈妃儿是我在 2018 年 6 月认识的一位小 IP。那天我参加了在上海某五星级酒店中举办的私域流量圈子的活动。豪华的大厅，璀璨的灯光，讲台正中的沈妃儿神采奕奕，光彩夺目地准备演讲。硕大的屏幕展现的 PPT 首页的标题有点出乎我意料——私域流量如何从抖音引流。饶有兴趣的我全程听完了她的演讲。坦白说，对熟知抖音、快手短视频领域规则及玩法的我来说，并没有多大的收获，甚至觉得有点肤浅，但台下那 200 名小 IP 们，听得非常认真，多数人基本拍下了每一页 PPT。从她们的眼中，我看到了满满的期待。

在沈妃儿演讲结束后的茶歇，我过去和她做了简短的交流。虽然只有 3 万抖音粉丝，但她对自己在短视频领域的经验充满自信。她告诉我说："我目前应该是玩微信流量的人里，最懂抖音的人。”这句话让我印象深刻，同时也让我深度地思考这个现象：“如果在抖音圈里，她的这些粉丝量，可能什么都算不上，但在私域流量圈里，她这样的定位，却是鲜明的。”

与沈妃儿一别，一晃一年多，直到 2019 年 11 月，在杭州的一次 50 人的沙龙活动上，她静静地坐在台下，一开始我没有认出她来，临走的时候，她叫住了我：“黑捕，好久不见，我是沈妃儿。”当我回忆起她时，我下意识地问了问她：“现在抖音做得怎么样？自己的定位有变化吗？”她尴尬地笑了笑告诉我，抖音现在有 6 万多粉丝，但自己却迷茫了。因为短视频太火了，越来越多的小 IP 们接触了更多的抖音大咖，涉足了短视频领域，她之前“私域流量里最懂抖音的人”这个定位，已经完全没有作用了。“很迷茫，不知道自己接下去的定位在哪里，你能帮我升级定位吗？”这是她咨询我的问题。

阶段性升级定位让我们保持竞争力

一般认为，变化的环境是让我们阶段性升级定位的重要原因。但绝不仅于此，你要明白的是，你的粉丝好友一直在成长。要保持在她们心目中的地位，你就需要持续成长并领先于她们，阶段性地让她们看到你的成绩。而这个成绩，就是你升级后的定位。

这与陪伴孩子有些类似。在孩子 3～6 岁的幼儿时期，爸爸妈妈随意做一些事情，在孩子的眼中都是高大伟岸的、厉害的。例如，妈妈给孩子做手工作品，爸爸给孩子讲解简单的启蒙数学。幼儿特别容易崇拜自己的爸爸妈妈。但随着孩子知识面的扩展，不用说到中学大学，哪怕到了小学高年级阶段，情况就发生了变化。不是你简简单单地做一些事，讲一些话，孩子就能说："哇！爸爸妈妈好厉害！"你需要展现更多的能力和魅力才能让孩子更信任你。

因此，当有些人在抱怨自己的社群越来越难运营的时候，极有可能碰到的问题就是自己的成长速度，赶不上社群成员的成长速度，就像有些妈妈会抱怨说："孩子真是越长大越不听话了！小时候多乖呀！"对这些妈妈而言，与其怀念孩子小时候有多乖，不如看看自己这一年在孩子教育层面，有没有实质性的进步。而对类似情况的小 IP 们而言，我就会问她们："这一年，你的进步，足够支撑你升级定位吗？"

这是一张影响力的曲线图。通过初始定位，聚焦我们的资源，可以让我们的影响力得到迅速提升。而当我们的影响力阶段性到达峰值的时候，如果我们不升级定位，那我们的影响力将会回落，甚至一去不复返。只有在合适的时机升级定位，才能让我们的影响力迎接新的增长机会。其实这也是你的目标和挑战。

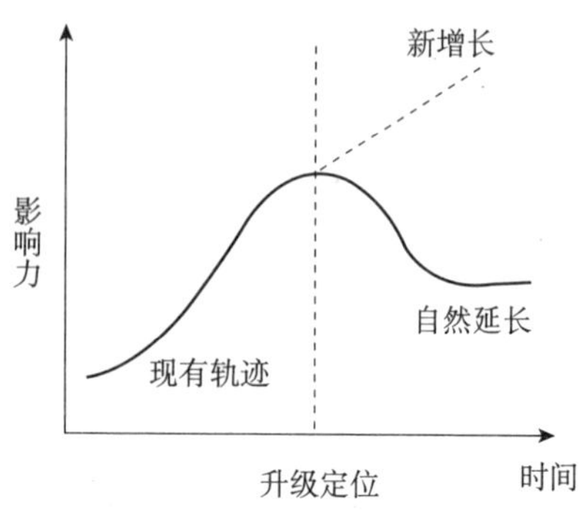

我们需要审视自己的这一年，有没有长足的进步，这种进步能否让自己升级定位。此刻，停下来，认真地回顾与反思，对你升级定位深有帮助。

定位的可升级思维让你反向思考初始定位

升级定位的必要性可以让你更明白：初始定位不需要一次到位。这个道理可以解决一些人的选择困难症。我接触的一些小 IP 里，找不到定位的原因之一就是无法选择自己的定位。他们觉得某领域的定位适合自己，仔细一琢磨，反而没信心了，又去考虑另一个领域，再琢磨，觉得也不能成为自己的定位。如此循环，始终无法选择。**既然定位是可以升级的，那么在初始定位的选择上，我们可以通过考虑未来升级的可能性，来帮助自己确定初始定位。**

陈果果是一位典型的天秤座小 IP，她找我咨询定位时，我说你把自己觉得适合的定位先写给我。在我默默地等待了两个小时后，她发过来满满的一段话："因为我平时比较注重保养，自己会学习一些保养知识，并且，对护肤的产品有一些了解，甚至包括内服的保健品。32 岁的人了，看过去像 25 岁，护肤保养领域应该适合我做定位方向。然后呢，我还喜欢运动，喜欢跳健身操，什么护颈操我都特别在行，感觉我还可以把健身达人作为自己定位。我还喜欢吃，菜烧得还可以，过年可以烧一桌，亲朋好友都特别喜欢，尤其是红烧鱼，特拿手，我是不是可以将做菜方作为自己的定位？育儿好像也还可以，我有两个孩子，懂一些育儿经。"

看完陈果果的这段文字，我回复的第一句话是："你还是抓阄吧！抓到哪个算哪个。"如此大而全的信息，真的很难给出建议。玩笑归玩笑，我继续问她："如果决定不下来，你觉得自己一年后，更想成为什么样的人？"她想了一晚上，清晨五点留言告诉我说："我想成为大家心目中健康美的代表。"

其实当陈果果想明白这点的时候，无论是护肤、运动还是烹饪，只要她向健康美这个方向去侧重，那么初始定位选哪一个都没有问题。这就是根据未来升级的定位目标，倒推现在定位的方式。**正所谓条条大路通罗马，有些初始定位，到了后续升级定位的时候，很可能都是殊途同归的。**

升级定位让我们阶段性审视方向与自己

升级定位，其实是对下一阶段的方向重新调整。是沿用原有定位进行升级，还是调转方向寻找新的定位，这是需要智慧的。我们从小做的练习，多数都是封闭式的选择题、判断题及标准化的填空题。我们更习惯标准化的答案，因为这会让我们更确定。而升级定位更像是开放式的题目，没有绝对的对与错。能判断下一个阶段的方向，需要你的智慧与远见。

升级定位，是一种迭代思维的终极体现。我们每一次定位的实现，并不是终点，而恰恰是下一次更为优秀的定位的起点。阶段性定位迭代升级的逻辑，可以帮助我们走得更远，可以让我们感到兴奋和充实。这里存在一个类似哲学的问题，就是时间点的选择。过早或过晚进行选择都是不利的。你肯定希望我能给出一个明确时间段的周期，例如，28 天养成习惯，90 天升级变化。但客观地说，时间周期最终是根据你自己的情况来定的。但不管怎样，只要你有这样的迭代意识，知道阶段性升级定位的重要性，你

阶段性审视自己

就会阶段性地审视周围的变化，就会阶段性地审视自己。

保持一个定位常年不变，不去重新审视，这不是执着的体现，而是对自己的不负责任。在恒定与变化之间，如何找到平衡点，是我们一直要关注的事。为什么互联网迭代思维如此受到推崇？就是由于迭代以微小的改变与试错，帮助创始人解决恒定与变化的关系，让他们的决策更明智，让自己的方向更正确。对于你而言，留意微小的改变，选择合适的时间点升级定位，才是你小 IP 持续提升的秘诀。

5.2 三步升级你的小 IP 定位

当你知道小 IP 定位升级的重要性后，是不是陷入到一种焦虑之中："我得赶快升级定位了，不然要被社群淘汰了！天哪！我的升级定位在哪里？"

深呼吸，别焦虑！

正所谓心急吃不了热豆腐，我们不要为了升级而升级，就像上一章节中提到的历代 iPhone 的例子，升级节奏很重要。升级小 IP 定位可以根据以下三个步骤：转变思想，升级定位不一定是扩大领域范围；选择升级定位的最佳时期；选择关联品类升级。

升级小 IP 定位可以根据以下三个步骤。

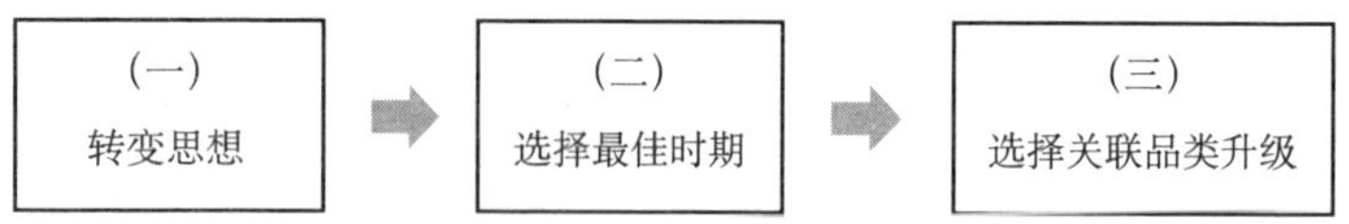

一、转变思想，升级定位不一定是扩大领域范围

在升级定位的时候，容易进入一类误区：总是觉得应该扩大范围，感觉这样才有升级的意义。如果说我们的能力上了一个台

阶，可以驾驭更广的领域，扩大范围升级定位是可行的。但往往随着竞争的激烈，升级定位时缩小范围也是明智的选择。

李宁，是运动员李宁的名字，也是国内知名运动品牌的名字。从李宁在 1990 年创办“李宁”品牌开始，就希望“李宁”能成为国际化的运动品牌。“李宁”发展迅猛直到 2011 年，“李宁”利润大跌，股价也狂跌 16%。2012 年更是遭遇上市以来的首次亏损，亏损额高达 19.79 亿元，此后更是连续亏损，节节败退。

直到 2018 年 2 月，推出的“中国李宁”在纽约时装周名声大噪，这是品牌存亡的分水岭。虽然有着全球化的目标，将近而立之年的李宁品牌，正靠“中国李宁”有效地将中国元素与运动元素相融合，帮助“李宁”品牌显著提升认同度，各渠道收入快速增长。李宁公司发布的 2019 年中期业绩公告指出，上半年集团营收 62.55 亿元，较去年同期上升 32.7%，净利润 7.95 亿元，净利率从去年同期的 5.69% 提升至 12.7%，增幅达 196%。

从国际化的角度看，把“李宁”变成“中国李宁”，是缩小了范围，但却大大提升了影响力。这也是 2014 年，李宁在生死存亡之际回归“李宁”后，做出的明智的定位升级。所以当我们考虑升级定位的时候，让原有的定位更聚焦也是一种升级方式，甚至说是更好的升级方式。

定位更聚焦，辐射人群反而变得更广泛，颇有点以退为进的意味。

缩小领域范围，做好聚焦，反而可以扩大人群范围。村里的小卖部，一间大概 30 平方米的小店面，一位大婶嗑着瓜子守在店里，简易的商品柜，杂七杂八地铺着油盐酱醋等生活必需品及一些零食，多数都是我们没见过的品牌。但就是这样的一家小卖部，可能是村里所有人采购的地方，辐射全村人。但如果同样的资源成本，在城市里开这样的小卖部，基本没有任何的生存机会。在城市里，同样的成本，就需要聚焦在更细分更专业的零售领域，例如，只销售糖果的店铺。市场越大，专业化程度越高，就需要你越聚焦。而这种聚焦，反而可以吸引更多的人群。

我的好友林明军，原来是腾讯网的产经总监，包括负责腾讯汽车频道。当他出来创业的时候，他缩小了汽车的范围，聚焦到汽车里的一个品类：SUV 车型。因为他敏锐地观察到，中国人购车的第一个阶段首选是轿车。随着生活水平的变化，越来越多的家庭开始采购第二辆车时，会考虑 SUV 车型；越来越多的年轻人在买车时，也会考虑 SUV 车型。虽然看似聚焦 SUV 车型是缩小了领域范围，但相比全车型的竞争，实际上是扩大了能辐射的人群，获得更多的流量。

升级的本质是帮助你扩大影响力，而不是扩大品类。许小彤，长着鹅蛋脸，皮肤白皙。30 出头的人看过去像 20 岁的样子。

她的初始定位是“美妆带货小达人”。在经过 90 天聚焦美妆定位的时间里，她卖出了近千份化妆品。在她认真复盘后发现，在她销售的化妆品里，并不是全部品类的销售都差不多，而是面膜占了她销售额的 76%。

于是她找了十多名粉丝好友，咨询为什么她们愿意购买她推荐的面膜。粉丝好友们的回答有些出乎她意料：“因为你敷着面膜的脸很好看啊。”许小彤笑着说：“你们这是调侃我吗？”粉丝好友很认真地告诉她这是事实。虽然面膜会盖住脸，但许小彤敷面膜的样子特别好看。再加上她皮肤好，自然容易被她的面膜图文所吸引。

从此，许小彤升级定位时就缩小了范围，从原来“美妆带货小达人”升级为“面膜女神”。她的签名也改成“成不了最好看的，争取成为敷着面膜最好看的”。升级定位后，主动加她微信咨询面膜的人多了很多，都是原有粉丝好友转发介绍的。许小彤甚至被动学习了大量关于面膜的专业知识。从敷着面膜好看的样子，到精通面膜专业知识，许小彤越来越对得起“面膜女神”这个头衔了。

升级定位不一定是扩大品类范围，还可以留意不同品类在粉丝好友心智中的变化。**市场环境的变化，会引起不同商品品类在人们心智中的改变，最常见的就是升降序排名发生了变化。**

可乐，曾经是世界上最受欢迎的饮料，人们在聚餐吃饭、运动解渴、休闲娱乐时，总喜欢喝杯可乐。但近几年来，碳酸饮料的人均消费量在连续下滑，而果汁饮料、茶饮料在快速增长。以前碳酸饮料在人们对饮料这个品类的认知心智中，是排第一位的。随着健康意识的增强，第一选择发生了改变。碳酸饮料在人们对饮料品类的心智认知中，降到了第二甚至第三的位置。

在升级我们定位的时候，如果之前你是**碳酸饮料测评师**的定位，那当你升级定位的时候，你还可以升级为更侧重健康的**果汁饮料测评师**的定位。当你抢占了圈子中最懂果汁饮料这一心智后，在未来，你还可以利用人们对果汁相对更健康的认知，升级为**健康饮食达人**的定位，让你的影响力得到持续扩大。

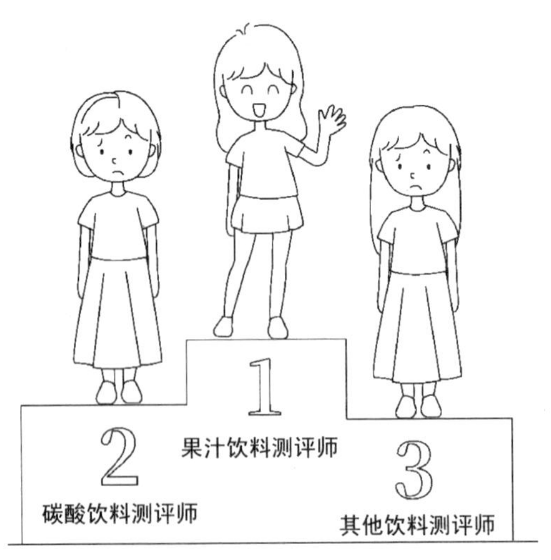

心智梯队

二、选择升级定位的最佳时期

升级定位的最佳时期，可以从**自身成长变化**和**外部环境变化**来判断。自身成长出现阶段性变化，是我们能力提升的表现，需要我们在定位上体现出来。而外部环境变化则意味着新的机遇，在用户心智里出现了新的认知。一旦出现这种情况，都是我们升级定位的好时机。

自身成长变化带来的升级

当我们给自己做了初始定位后，会把资源重点投入到自己的定位上。持续打造符合定位的内容，并在朋友圈和社群里有效地体现出来，是需要一定周期的。**一般来说，28 天是我们养成一个习惯的时间。**这是 Maxwell Maltz 教授在 1960 年出版的心理学书籍《精神控制论》中提出的，这也是为什么有大量的书籍都是以“28 天学会某某某”来命名的原因。例如《28 天教你学会 Photoshop》《28 天教你学会 PPT》等。28 天，对于你聚焦定位，养成习惯尤为重要。

海豚爸爸是一位厨师，也是我早期的小 IP 定位班的学员。不同于“厨师应该是胖胖的”的偏见，海豚爸爸特别帅，再加上是土生土长的杭州人，帅气之外还体现出江南男士特有的亲和力。

一般来说，相对宝妈而言，男性打造私域流量是略有不足的。但海豚爸爸具有独特的优势，利用厨师专业能力，给他女儿小菲每天做爱心早餐和晚餐，阶段性地把契合的商品例如不粘锅融入进去。“大厨奶爸”很自然就成为他的定位。更难能可贵的是，他坚持每天为女儿做爱心早餐，持续了近一个月后，已成为他每日必做的习惯。

在养成习惯之后，我们在什么时候考虑升级自己的定位呢？时间对绝大多数人来说，都是公平的，天赋异禀的人毕竟是极少数，绝大多数人的自我成长，需要时间的磨砺。一般来说，6 个月也就是 180 天的时间，会是你坚持一件事情从量变到质变的里程碑式节点。

当你聚焦一个方向的时候，持续 180 天时间的磨练，是足够让你阶段性提升自我的。我们初次去健身房参加教练课程的时候，健身教练会给我们拍一张照片，差不多 1 个月后，会再给我们拍一张照片进行对比变化，直到 3～6 个月的时间，你会看到自己的身体发生了明显的变化。

参考健身教练对比健身照片的做法，你可以拍两段包含你定位的自我介绍视频。开始定位的第一天，你拍一段视频。你可以讲述自己的小 IP 定位，为什么选这个方向作为自己的定位。聚焦定位 180 天后，你可以再拍一段视频，讲述自己的小 IP 定位，为什么选这个方向作为自己的定位，这几个月做得怎么样。有趣的是，你很可能会发现，你在视频里的神情发生了微妙的变化，在介绍自己小 IP 定位时，你的语言会更娴熟，你的眼神会更自信，甚至你说话的音量，都会发生变化，从较弱的不自信的声音，变为响亮的有底气的声音。

除了自我感知变化，你还可以感受到粉丝好友的态度变化。他们对你的小 IP 认可度是否更高了？这会在一些细节上体现出来。例如，在他们咨询你问题的时候，是否更集中在你擅长的领域；你回答问题的时候，他们更容易去行动而不是追加更多的疑问。当这样的情况越来越多的时候，也是你可以考虑自己定位升级的时候。

陈小兔，有一家女性内衣店，她的初始定位为女性内衣推荐达人。她对女性内衣比较熟悉，通过初始定位，提高了关于内衣知识的专业程度，在粉丝好友中树立起了一定的影响力。在升级定位的时候，她面临着选择：是否升级为女装时尚达人？

在重新审视自己后，陈小兔发现，要成为女装时尚达人难度非常高。自己所在的二线城市并没有时尚的基因。经过深度思考，她发现，自己可以升级为女性私密用品推荐官。在内衣的基础上，还可以推荐女性专用的产品，例如，调和女性生理期的产品。这样的升级，陈小兔的粉丝好友纷纷表示认可。她的私域流量扩大了很多，能推荐的品类也多了很多。通过较为私密的信任，无缝升级了定位。

外部环境变化带来的升级

2017 年的春天，我度假逛了逛日本代官山的茑屋书店。日本的茑屋书店是全球知名的连锁书店，分店超过 1400 家。“茑屋”则来自创始人增田宗昭祖父的店铺名号，当年他祖父经营了一间艺伎馆，取名“茑屋”。沿用老店的韵味，他给书店取名“茑屋书店”。我去的这家代官山店，算得上是东京旗舰店。书店外观由茑屋书店 TSUTAYA 的缩写“T”的镂空字母所围绕。一共三栋建筑，中间以天桥相连，成为一个整体。

无处不在的落地玻璃窗，仿佛打通了室内室外连接的界限。虽然不懂日文，但也并不妨碍感受茑屋书店打造的舒适氛围。坐

在玻璃窗旁的书桌上，翻起一本杂志，再加上一杯温热的咖啡，轻松舒适的一天很快就过去了。

书店正在发生变化。

还记得小时候在书店里挑书的情景吗？分门别类地找到我们想要的书，然后快速买单走人。拥挤的书架，看似应接不暇却冰山一角的书目，你想找什么书，还需要咨询导购，而导购只会告诉你书所在的方位，其余一无所知。后面几年唯一的进步，只是出现了老式的台式电脑，供大家查询需要的书籍。

电子商务的兴起，书店似乎即将退出历史舞台。人们不再去书店购书，通过电脑、手机搜索书籍、查看目录和样章，满意后即可下单购买。

但书店真的退出历史舞台了吗？答案是否定的。以生活方式为代表的茑山书店、诚品书店成为大家生活中的一部分。虽然卖书，但更强调读者顾客的“心境”，选购与阅读的环境更为舒适。

书店在人们品类心智中发生了变化。书店俨然不是单纯买书的场所，而是一种知性休闲的生活方式。可以说书店从另一个维度，冲击了咖啡馆甚至是星巴克。在以前，在一条街上的一家咖啡馆与一家书店，并排开在一起。二者相安无事，还有些互补。书店买了书的人可能会去咖啡馆喝一杯咖啡，看看新买的书。现在情况却变了，书店里不需要买书就可以点杯咖啡阅读书籍，它旁边的咖啡馆是有压力的。环境改变后，升级定位就成了这家咖啡馆必须要做的事。

私域流量里的小 IP 们也一样，环境变化会带来升级定位的需要。随着时间的流逝，外部环境同步在发生变化。变与不变是相对的，外部环境变化，哪怕我们主观觉得自己不变，客观上来说，实际上已经变了。原本你是一群矮个子里面的高个子，身高是优势，让你鹤立鸡群。现在大家都长高了，身高不再是你的优势，你就需要重新升级定位。

我们粉丝好友的心智随着环境的变化，会变得不同。1998 年前后，在大街小巷，曾经出现过一个职业：电脑打字员。那时候电脑普及极少，会电脑打字，是一项专业的技能。如果你需要把一些纸质文档做成数字文档，就需要找打字员来服务。当时的培训学校，还推出了五笔输入法的培训课程。擅长电脑打字的人在那个时代，简直就是高科技人才的代表。但是现在，无论是电脑还是手机，五笔还是拼音，儿童还是老人，大家都会输入文字。哪怕你每分钟可以打 300 个字，也无法成为你的独特优势。

还有更为有趣的是，城市的发展，也会对你的定位产生影响。在互联网经济较为发达的城市里，十几年前，我们提及最多的是北上广深。作为一名互联网从业者，如果你在北京工作，天然地会被认为更清楚互联网趋势。但这几年来，明显的变化就是，杭州越来越成为中国电子商务的“核心”城市。罗小胖，在北京一家电子商务公司就职，以前他的微信好友，总喜欢关注他的动向，听听他对电商趋势的看法。但随着杭州电子商务发展越来越好，北京带给罗小胖“在北京了解的电商趋势是最前沿的”光环就会褪去。那罗小胖希望保持自己在朋友圈子中的影响力，就需要升级定位。

三、选择关联品类升级

在初始定位的时候，我们可能还是一张白纸，可以根据自己擅长的能力，自由选择小 IP 定位。而到了升级定位的时候，初始定位就是我们新的出发点。一般来说，升级定位的方向，需要与初始定位有一定的关联性。

以我自己为例，我自己现阶段的定位：专注于小 IP 定位。当我在下一个阶段升级定位的时候，我可能升级为“小 IP 们背后的男人”，代表最懂小 IP 们的需求的人，善于给小 IP 们最适合的解决方案。但我已很难给自己重新定位为：育儿专家。

你看到“育儿专家”这四个字，脑海中是不是闪出一个大大的问号？因为从头到尾你都没有了解过任何我在育儿领域的建树。但实际上，我曾经创业的项目之一就属于儿童领域。期间我深度学习了儿童发展理论，旁听了浙江师范大学杭州幼儿师范学院相关的研究生课程，跟随学院老师定期进入幼儿园旁听公开课，观察孩子的行为。依靠平时的积累，在没有复习的情况下，我还考取了幼儿园教师资格证。同时，我也是学院玩具系的实习指导老师。

此外，我不仅对幼儿园的五大领域课程非常熟悉，还深度学习了哈佛大学加德纳教授提出的多元智能理论。与加德纳教授有过 Email 交流，并且与多元智能理论在中国应用的泰斗级人物沈致隆教授联系甚多。“每一个孩子至少有一个优势智能”深深地印在我的脑海里。我有多篇文章在《中外玩具制造》杂志上发表，并在上海国际玩具展的学前教育发展论坛上，作为嘉宾与华东师范大学的朱家雄教授有过交流。

现在是否觉得我定位为“育儿专家”有理有据。实际上，往育儿方向侧重，不是无法驾驭，而是因为“专注小 IP 定位”与“育儿专家”相去甚远。多数人只知道我擅长小 IP 定位的一面，对我擅长的其他领域一无所知。在升级的时候，二者关联性较弱，这就很难成为我新的定位。

“人无完人”这四个字告诉我们，人不可能精通各个领域。一万小时定律告诉我们，只有对一件事情投入一万个小时，才能从平凡变成专家。粉丝好友对你的信任，局限在某一特定领域。就像我们熟知的火锅连锁品牌海底捞，如果开始卖童装，这是多么怪异的事情，消费者只会皱皱眉头走开。而作为服装设计师设计品牌 JNBY，定位于自然健康生活方式的 20～35 岁的都市知识女性，JNBY 延伸出童装子品牌 jnby，就显得自然很多。这就是关联性带来的作用。品类之间是否关联的衡量标准，就是不怪异不突兀，让人觉得你的升级是自然而然的。

如何寻找关联性

如果你的定位是和品类相关的，例如，口红达人，卖锅专家等，**你在升级定位的时候，首先需要考虑环境变化是否带来新的品类。就像物种进化一样，品类也在进化，不断会有新品类出现。**

牛奶是大家耳熟能详的商品。可能是因为牛奶这个品类实在是太常见了。似乎没有人考虑过以“精通牛奶知识”作为自己的定位。许多人喝了牛奶容易拉肚子，这是由于牛奶中含有丰富的乳糖，这些人缺少消化乳糖的乳糖酶引起的。直到 2007 年，伊利推出了零乳糖的舒化奶，让乳糖不耐的人群可以获得更多的选择。如果你在零乳糖牛奶这个品类新推出不久，以此为定位：最懂牛奶乳糖不耐症的达人，极有可能快速提升小 IP 影响力。

可能有人会问：“这个定位，听上去很新鲜，但不是很主流，可以作为自己的定位吗？”乳糖不耐症虽然不是病，但腹胀腹泻总是让人联想到了生病，联想到了健康。与其常常告诉他人喝牛奶对健康有帮助，倒不如从乳糖不耐这个细分点，让粉丝好友都记住你。他们对你的印象，其实就是一个懂牛奶并关注健康的达人。

实际上，不仅是零乳糖牛奶，在美国，牛奶品牌会更细分。有机牛奶的领导品牌是 Horizon；豆奶的领导品牌是 Silk; 杏仁奶的领导品牌是 Almond Breeze; 脱乳糖牛奶的领导品牌是 Lactaid。当新品类刚推出时，你以这个新品类作为自己的定位，就可以快速占领新品类的心智，提升影响力。

当外部环境出现新品类时，只要把自己的定位和新品类关联起来，你的影响力就会水涨船高。随着新品类的市场份额越来越大，你的影响力就会越来越大。这等同于推广新品类的所有公司、品牌、报道，都在为你的影响力做服务。这是最好的借力方式。

5.3　全面升级：小 IP 定位矩阵

乐斐斐对自己的定位是女性创业导师，运营私域流量取得了一定的成绩。她在升级定位的时候，感觉自己升级的空间有限，更想帮助社群里的核心成员，找到自己的小 IP 定位。当她和团队成员沟通后，发现这些年轻宝妈们并不擅长找到自己的差异化定位，多数一窝蜂地定位自己为护肤达人，少数将自己定位为育儿宝妈，更有甚者，刚入门就标榜自己是女性创业导师。乐斐斐跟我说，自己真是一团乱，看似大家发圈带货效果不错，但感觉私域社群隐藏着危机。就像台风中随风摇曳的柳树，远看随风舞动还挺好看的，细看则危机重重。

一位小 IP 能在粉丝好友的某一个品类心智中占有一席之地已是困难重重，在升级定位时，更难以把影响力辐射到其他品类。这就像里斯先生和特劳特先生 1972 年在美国营销杂志《广告时代》上写的文章提到："一个企业在某一个领域里很知名，并不意味着它可以将这一知名度转移到另一个领域里。换言之，你的品牌可以成为一个品类的领导者，但在其他品类将一无是处。"

因此，当你的私域社群需要涵盖更广泛的领域或者品类时，不是扩大自己的定位到全品类，而是充分考虑社群核心成员的小 IP 定位，共同打造小 IP 矩阵。而矩阵里的每个小 IP 定位，互为补充才能形成“1+1 ＞ 2”的合力。

升级定位并不意味着一定要升级你自己的定位。打造小 IP 定位矩阵，是另一个维度的升级方式。**升级自己的定位，是根据自我的深度来升级的；而打造小 IP 定位矩阵，则是根据社群的广度来升级的。**作为一名领袖小 IP，你完全可以帮助社群核心成员找到小 IP 定位，并与你的小 IP 互相补充，让你的私域社群更加强大。这就需要打造小 IP 定位矩阵，使得社群核心成员的定位互为补充，避免竞争，让社群生态更加健康。

如何打造小 IP 矩阵

宝洁公司，是大家耳熟能详的公司品牌。在洗发水领域，宝洁公司有四大系列产品，分别满足四种不同的功能需求：侧重去屑控油的海飞丝；侧重飘逸柔顺的飘柔；侧重营养秀发的潘婷；侧重美发护发的沙宣。这四个子品牌合力让宝洁公司在洗发水领域获得了令人称羡的巨大成功。

参照宝洁公司在洗发水领域的做法，换一种方式，就能成为私域流量小 IP 矩阵的运营方式。假如小海的社群定位是在护发领域，因为小海的头发易油腻，对控油颇有研究，她的小 IP 定位就是深谙控油去屑的护发达人。而小海另外的三位核心社群成员：小柔有一头飘逸柔顺的秀发，朋友圈照片常常是坐在摩托车上的伴随着一头飘逸秀发的生活照。小婷的发质看过去特别健康，乌黑亮丽，无论是阳光下还是灯光下，随拍一张照片，瀑布般的头发就会出现一段健康的闪光带。小宣则酷爱染发，喜爱给头发做造型。无论是亚麻色还是铅笔灰，都是她喜爱的颜色。虽然经常换发色，但小宣的头发保养得还不错，没有枯死分叉的情况。其实就像宝洁洗发水四个子品牌的广告代言人一样，属于你社群的护发小 IP 矩阵就形成了。

小海社群里的小 IP 矩阵

明确你的社群定位与小 IP 矩阵的关系

要打造小 IP 定位矩阵，首先要确定的就是你的社群定位。本书第四章重点讲述了如何做好社群定位。一般来说，社群定位和你的定位相关，例如，你的定位是深谙进口美食的达人，那你的社群定位基本上就是与美食相关的；如果你的定位是女性创业导师，那么你的社群定位就是帮助女性成长并实现收入的；如果你的定位是口红一姐，那么你的社群定位基本上就是围绕美妆的，等等。只有明确了自己的社群定位，你打造小 IP 定位矩阵就有了目标和方向，你才能更清楚自己需要什么样的小 IP 伙伴们。并且，当你的社群核心成员有多个小 IP 定位方向可以选择的时候，你就可以从小 IP 定位矩阵互补的角度，帮助她们确立定位。

社群定位就像定位高科技领域的苹果公司（Apple Inc.），小 IP 矩阵就像苹果公司的各类产品：硬件产品有 Mac 电脑、iPod 媒体播放器、iPhone 智能手机和 iPad 平板电脑；在线服务包括 iCloud、iTunes Store 和 App Store；消费软件包括 OS X 和 iOS 操作系统、iTunes 多媒体浏览器、Safari 网络浏览器，还有 iLife 和 iWork 创意和生产套件。这些产品形成的矩阵，都是为 Apple 的创新的高科技领域定位服务的。试想一下，如果没有统一定位，苹果公司的产品线将会变得非常混乱。这与你需要事先做好小 IP 矩阵规划是一个道理。先做好社群定位，然后在打造自己小 IP 的同时，找到并帮助支撑你社群定位的不同小 IP，完成小 IP 矩阵。

为什么在这里我引用的是苹果公司，而不是三星索尼？这是因为有些私域社群主，为了凸显自己的社群品牌，会弱化自己及其他成员的小 IP。凸显企业整体品牌而弱化细分品类品牌，这就是三星在做的。我们常说的是：买了部三星手机，买了台三星笔记本电脑，买了台三星液晶电视，等等，强调的都是三星品牌。看上去这种方式对品牌树立有帮助，但随着竞争越来越激烈，统一品牌会降低在细分品类上的影响力。而苹果公司的每个细分品类都有一个单独的品牌 IP。我们不会说自己买了一个苹果，而是说：买了一部 iPhone，买了个 iPod，买了台 iPad, 买了对 AirPods，等等。这就是苹果与三星的区别。

同样，如果今日头条给旗下的短视频项目不是独立取名为“抖音”，而是叫“今日头条短视频”，我想，可能就不会出现每日活跃度超过 4 亿的现象级产品“抖音”了。

因此，我们需要有自己的社群定位，但同时也需要考虑小 IP 矩阵里每个小 IP。

关注核心成员的小 IP 定位

打造小 IP 矩阵是具有挑战的，小 IP 矩阵要求你更善于去找到核心成员，帮助她们打造小 IP。同时，你还要保证核心成员之间的定位不冲突，有一定的互补性。如果你社群定位下的每一个品类，都有一个代表人物，那恭喜你，这才是真正稳定的、持续的、长远的高价值私域流量池。

每个社群存在差异性，打造小 IP 定位矩阵难以用标准化的方式。我们却是可以从电影里得到启发。《X 战警》系列电影，讲述人类中的一小部分存在基因变异而拥有各种各样超能力的变种人。X 教授为了维护世界和平，致力于普通人与变种人之间和谐生存，他创办了 X 学院，寻找善良的变种人，教导他们学习知识，让他们能合理运用自己的能力，并且走上正途，培养他们成为 X 战警，保卫人类与变种人。X 教授的部分团队成员包括以下几个。

X 教授（Professor X）：拥有强大的心灵能力，是已知的第四级心灵能力的变种人，可以使人在瞬间丧失行动能力，或是控制别人。

金刚狼（Wolverine）：骨胳被注射超强合金艾德曼钢，拥有一对无坚不摧的利爪，快速的再生能力和预知危险的能力。

暴风女（Storm）：拥有控制天气的能力，能够感应并影响气象能量形态，天生就可以操控雷电，制造龙卷风，下起暴雨。

野兽（Beast）：天生拥有野兽一样的各项感官和强壮的体魄，还拥有超人的力量、耐力和速度。

冰人（Iceman）：拥有强大的超能力，能够在几秒钟内制造 -105 华氏度（≈-76.1℃）的低温。冰人可以制造冰层并覆盖在他身体外表，来提高防御强度。

《X 战警》系列不仅带给我们惊心动魄的视觉感受，也从小 IP 定位矩阵的角度，给我们以启发：假若把你比作 X 教授，你在全面升级团队的时候，可以花更多的时间，去找到拥有不同能力，擅长不同领域的 X 战警。通过你的 X 学院，帮助她们更好地控制并展现自己的能力，这样才能让自己的团队更强大。

打造小 IP 定位矩阵的两大挑战

当然，《X 战警》是影视作品，展现的是近乎完美的团队。当落到真实世界中时，我们在打造小 IP 定位矩阵的时候，会面临两大问题：**定位重叠和定位缺失**。

解决这两个问题通用的方法是：**定位挖掘**。

由于私域电商发展太快，甚至可以说是野蛮生长，许多人运营社群，是没有真正考虑过自己的小 IP 定位的，自己也不知道社群成员为何会如此快速增长。或许她们会给自己一个定位，例如，励志的全职宝妈、开创副业的奋斗女性，等等。实际上，这些模糊的定位，并没有产生多大的作用。正是因为大家一窝蜂地采用这样模糊的定位，才会导致多数人定位重叠；同样，也正是因为大家都集中在模糊的定位，反而忽略了自己真正的小 IP 定位，导致定位缺失。

擅长护肤的范卡卡最近碰到了一件烦心事。随着她自己影响力的扩大，她很想培养自己核心社群成员，帮助核心成员打造好她们的私域社群。可能因为同频吸引的关系，她五位核心社群成员的小 IP 定位，都定位在护肤上。五个人给自己的定位都是一样的："爱美爱护肤的宝妈"。一开始她并没有觉得有多大的问题，既然大家都喜爱护肤，多多少少也有些了解，都用这个定位也挺好。

但在推进的过程中，就出现了问题。她咨询我的第一个问题是这样的："我社群素材内容同质化严重。因为几个人都定位在护肤上，所以呢，只要分享销售护肤类的商品，大家一窝蜂地拍摄护肤的美照。看似一下拥有了丰富的商品素材，但似乎效果并没有增加，完全没有'1+1 ＞ 2'的作用。"我问她说："如果你们六个人，都拍摄了美妆照片，在你的主社群里，大家最信任谁的推荐？”“当然是我的。”她毫不犹豫地回答。刚说完，她就明白了，如果核心成员的定位和她相似，对于整个社群体系而言，并不能叠加更多的增量。

自然，第二个问题，就是咨询我她应该怎么做。我告诉她说，一是她可以试试让核心成员定位在更细分的护肤品类。例如，有人是最懂洗发水的，有人是最懂洗面奶的，有人是最懂由内而外护肤的。二是她还可以挖掘核心成员小 IP 定位跳出护肤领域，例如，进入美妆品类。因为有些小 IP 其实两个品类实力相当，完全可以根据小 IP 定位矩阵框架，选择另一个相关品类。

“那还有重合的，怎么办呢？”范卡卡继续问我。“哪怕是同一个品类，如果还有两人都喜欢这个品类，你可以通过高端与高性价比来做区分。其中一个可以定位为注重品质的女性，选择相对高端一些的同类商品，例如，号称‘面霜之王’的 LA MER 海蓝之谜的面霜；另一个则定位为勤俭持家的女性，选择高性价比的同类商品，例如，玉兰油 Olay 面霜。”“太棒了！”范卡卡如释重负，“我马上给她们开微信视频会议，讨论落地！”

当我们用小 IP 定位矩阵的思维去考虑成员定位的时候，潜意识里，我们强化了定位理论里非常重要的一点：“与其更好，不如不同。”因为如果大家都在努力做得更好，你就会发现越到后面大家就越像，都变成一个样，反而形成了内部竞争。当你形成了小 IP 定位矩阵思维，也就形成全局观下的差异化思维。擅于在全局观下，去寻找差异化的定位。

寻找差异化的小 IP，补充我们的小 IP 定位矩阵，是解决定位缺失的有效方式。这是一种发现的能力，也是一种目标明确的人脉拓展能力。例如，护肤定位的你想销售育儿产品，最不明智的选择是想借助自己在护肤领域的影响力，去销售育儿产品。这不仅导致销量不高，更容易让粉丝好友对你护肤定位产生混淆。你最好的选择就是花时间精力去找到这个人，并吸引她成为你的社群成员，通过帮助打造她的育儿小 IP，带动整个社群在育儿品类上的销售。

打造小 IP 定位矩阵全面升级，是一次里程碑式的挑战，也是私域流量从野蛮生长到相对专业化团队协作的体现。尝试去规划你社群的小 IP 定位矩阵，尝试去落实你的小 IP 定位矩阵，尝试完善你的小 IP 定位矩阵，可以让你的私域流量更健康，帮助你走得更远。

5.4　延伸到公域流量的小 IP 定位

> “抖音这么火，我要不要做？”
>
> “快手虽然我不太看，但今年都赞助春晚了，不管怎么样，要不要先玩起来？”
>
> “有人昨晚联合几个社群做了一次直播，10 万人观看，太厉害了。感觉自己要被淘汰了。”
>
> “得到上，有人卖 99 元的课程，卖了几十万份，我也想做套知识付费课程，又有点无从下手，怎么办？”

随着短视频与直播的风生水起，越来越多的小 IP 们陷入了复杂情绪之中。一方面觉得这是千载难逢的机会，另一方面却因无从下手、摸不着门道而万分焦虑。为什么小 IP 们会产生如此焦虑的情绪呢？因为公域流量环境与私域流量大不相同。

通过某种机制，由流量平台动态分配给你的流量，称为公域流量。从私域流量进入公域流量，打个贴近的比喻，就像暑假游泳池里教孩子的游泳教练去参加世界游泳锦标赛一样。在小区泳池里教孩子时，游泳教练可谓是这个小泳池的“主宰”，无论是学习的孩子还是旁边陪伴的大人，都格外听从教练的指示。而到了正式的比赛场合，面临的压力和挑战可想而知。

从我们自身的角度出发，公域流量与私域流量的有三大显著区别。

公域流量和私域流量的区别

1. 工具层面

从工具层面，私域流量工具主要集中在微信，而公域流量平台则层出不穷。

女性是私域流量里活跃的群体，她们在交流沟通上是具有优势的，当前主流私域流量的工具就是日活跃度超过 10 亿的微信。正由于有着庞大的群体，微信的升级变化是非常有节制的，甚至你都感受不到每次微信升级后有什么变化。微信之父张小龙说过，微信的变化，会影响到人们的沟通方式和信息获取方式，因此必须是谨慎的。所以当小 IP 们熟悉了微信功能和玩法，并不会在使用上面临新的挑战，我们可以更聚焦在沟通上。

但多数女性并不擅长频繁学习不同公域流量平台的流量规则，尤为厌烦信息系统。这一特征，会让女性群体在新型互联网平台及工具的引流能力上偏弱。

公域流量平台及工具犹如繁星一般，有如日中天的抖音、快手短视频；有购物相关的淘宝、魔筷星选等电商平台；有经久不衰的微博、小红书、喜马拉雅，以及层出不穷的其他类型的平台及工具。人的精力是有限的，人的时间也是有限的。如此繁多的平台，仅仅是熟悉它们都需要花费大量的时间，更不必说弄清楚流量规则了。有些人更自诩为“工具文盲”。只要学习一个新工具，就感到头脑发胀，昏昏欲睡，容易烦躁。我遇到过一位小 IP 喳米，她跟我说，为了研究公域流量，她把主流的近 50 个 App 全注册了一遍。有些完成了基本设置，有些测试发了张照片，有些测试发了个视频，有些搞不明白的马上就删了。这些 App 看上去内容很丰富的样子，但感觉要操作上手，摸清门道却极为不易。注册的越多就越烦躁，完全静不下心来去研究。

确实如此，这也是为什么各类培训和代运营如此火爆的原因。公域流量确实不是一个人凭借自己摸索就可以获得稳定流量的。没有专业团队指路，公域流量平台就像黑洞一般，“吸取”了你大量的时间却收效甚微。

2. 沟通角度

从沟通角度来看，私域流量侧重双向互动交流，公域流量则更侧重单向传播。私域流量的主要载体是微信。微信代表着沟通。我们常说的“你微信她”，就是指你发条信息给她。这也就决定了以微信为代表的私域流量运营更侧重沟通。这恰恰也是擅长交流的女性群体更容易打造私域流量的原因。大家在群里交流商品的优劣，一对一接受咨询。小 IP 们已经很适应你一言我一语的双向沟通。

公域流量则更侧重单向传播。例如，抖音短视频，你发布一条短视频，除了刚开始可以回复粉丝留言，播放量激增后，你是难以一一回复评论的。同样你也没有精力回复良莠不齐的私信。因此，公域流量更像是广播，虽然会有一些小互动，但基本上是你发布内容，粉丝接收内容为主。

这种单向传播对你的内容提出了更高的要求。你在微信上发一条朋友圈，带了三张产品图，可能两张都看不清楚，也没有太大关系。只要粉丝好友看中其中的一张产品图，她就可以私信咨询你。而在公域流量中，如果你发布的内容让人感到是缺失的，质量不高的，那她就会选择“流”向下一个达人。

“宁为鸡口，无为牛后”出自《战国策·韩策一》，比喻宁在局面小的地方自主，不愿在局面大的地方听人支配。这个成语也阐述了我们在私域流量和公域流量里所面临的不同场景。假如你的影响力依赖于双向沟通，那一旦脱离微信入局依赖单向传播的公域流量平台，你的竞争力就会偏弱，成为“牛后”。

苏七七的私域社群年销售额过五千万元，在私域流量的圈子里，俨然是人们眼中的大咖。在私域沙龙活动中，她是分享的主角；在颁奖典礼上，她被安排在正中间位置；在演讲结束后，她的课程广为传播。

最近，苏七七开设了抖音号。原以为能在抖音上风生水起，结果每个视频只有几个人点赞，有时评论区甚至只有一条孤零零的自评。碍于情面的她，更不好意思告诉私域社群的粉丝好友去点赞与评论。她告诉我说："真的是非常失落，挫败感很强。"在私域流量里，她只需拍出美美的照片，配上一段还不错的文字就可以吸引大量互动评论；但在公域流量中，这样的内容变得平淡无奇，无法实现单向传播。

3. 人群角度

从人群角度，私域流量更侧重"粉丝好友"，而公域流量更侧重"关注粉丝"及陌生流量。在以微信为代表的私域流量里，为什么我提到"微信好友"时不是使用"粉丝"这个词，而是使用"粉丝好友"？这是因为这些微信好友，不是单纯地关注你、远远地仰望你的粉丝，而是与你有一定沟通交流的"好友"。

私域流量里再大的"咖"，与粉丝好友也会有一定的交流。程诗怡得知了一位私域流量大咖的微信号，抱着试试看的心情，她忐忑地发送了添加这位大咖为好友的申请。十分钟后，那位大咖回复说，这个微信号满了，请加另一个微信。程诗怡马上申请好友，想不到两分钟后就通过了。程诗怡兴冲冲地告诉我说："竟然加上了！"我笑着对她说："你跟她打个招呼，让她推荐个护肤产品给你，你看看她会不会回你。"结局相信大家肯定都猜想到了。

这就是私域流量大咖与粉丝好友之间的关系：带有粉丝好友的喜爱、没有距离感和一对一的沟通。

而公域流量里，你影响的是两类人：一类是"关注粉丝"，就是关注过你，对你已经产生一定兴趣的粉丝；另一类就是对你一无所知的陌生人。

你的"关注粉丝"中有特别喜欢你的人，也有持着怀疑态度观察你的人；而陌生人里，甚至会出现抨击你的人、抹黑你的人。这么复杂的人群组成，对你的逆商与舆情管控能力是一种极大的考验。有些小 IP 们不愿意直播或者拍短视频的一个重要原因就是怕被抨击，怕被"键盘侠"抹黑。这种情况甚至是无法避免的。

猫小晴，私域流量的小 IP，是位女装搭配师。每次她发布美美的穿搭照片在朋友圈时，获赞无数。评论除了夸她漂亮，就是咨询衣服该如何购买。在 2019 年春天，她开设了短视频账号。穿搭考验的是搭配能力，对视频的拍摄场景要求不高。猫小晴凭借着自己的搭配审美，在 2 个月时间里，快速获得了 10 万粉丝。

但在 2019 年夏末的时候，她告诉我，自己快坚持不住了。“为什么啊？不是做得挺好吗？”我问她。她很烦恼地回复我说：“夏天女生的衣服有些比较性感，有些不怀好意的男性在留言里会说一些让我很不舒服的话。在直播的时候更麻烦，有些男的戴着有色眼镜看我直播，在直播间说的话让我很气愤，还有起哄的，有几次我都被气哭了。”

在微信上，我们的粉丝好友出现这种情况并不多见。要是偶尔出现，该屏蔽的屏蔽，该删除的删除，特别容易处理。但在公域流量平台里，舆情管控则是非常困难的挑战，常常超出个人能承受的能力范围。如何处理“黑粉”带来的负面情绪，对你的心理素质提出了更高的要求。

如何做好公域流量的定位

虽是困难重重，但总有些私域流量的小 IP 们想进入公域流量，去拼搏更广阔的影响力。她们咨询我的共同问题就是：私域流量的小 IP 定位，是否适合公域流量的定位？

我在小 IP 的定义中讲到，**小 IP 是指个人能力为向导的**，通过展现生活中的细节，持续提升自己在朋友及粉丝圈子中的影响力。因此，**只要你进入公域流量是依托个人能力及个人资源，那小 IP**

的定位方法同样可以适用，甚至你更需要采用小 IP 的定位方法。

那么从私域流量小 IP 进入公域流量，我们的定位应该如何升级呢？可以借助以下三个定位方式来完成。

从私域流量进入公域流量的小 IP 定位的三个方式：

- ☑ 与私域流量的定位完全一致
- ☑ 从满足同类需求的角度延伸定位
- ☑ 定位聚焦在更细分的领域

方式一：与私域流量的定位完全一致

冷启动，是公域流量里常常会谈到的一个词。冷启动意味着你在新的平台要从零开始，需要一个个去获得粉丝。为什么你新进入一个平台初期会感到特别困难呢？其原因就是因为冷启动引起的，在这个新平台里，没有能帮助你传播的种子粉丝。

因此，当你新进入一个公域流量平台时，你需要依托现有的私域流量粉丝好友，让他们成为你在新平台的种子粉丝。

例如，你想入驻快手平台，该如何避免冷启动呢？快手的推荐机制，简单来说，就是根据视频的点赞、评论，再给予更多的推荐播放量，以此循环。作为一个粉丝都没有的平台新人，你要获得点赞和评论是非常困难的，更不必说被关注。为了避免这样的冷启动，你可以先鼓励自己的微信粉丝好友去关注你的快手号，当你每次发布视频时，让他们去给你的视频点赞、评论，你再回评。这样你的视频就更容易上热门，你获取新粉丝的速度就会更快一些。

那问题就来了，如果你在快手上的定位与你在微信上的定位毫无关联，那么当你的微信粉丝好友去关注你快手号的时候，就会心存疑虑："他在这方面到底行不行啊？"

我曾经碰到过一位领袖定位的私域流量小 IP，刚学了快手运营没几天，就在快手上开设快手培训课程，将自己定位成"快手短视频培训师"。虽然有些粉丝好友碍于情面，去快手上给她点赞，但从评论的留言里并没有感受到真诚。因为多数粉丝好友都知道她刚学快手运营没多久，怎么就变成了培训师了呢？他们自然就没有持续关注你的动力。

我们在公域流量平台的定位需要和私域流量的定位相关联。这样你的种子粉丝就不会感到困惑，在新平台的互动上也会更频繁，帮助你成功度过冷启动期。

方式二：从满足同类需求的角度延伸定位

如果做不到完全定位一致，那么可以从满足同类需求的角度来延伸定位。

你使用微信这么多年，可能听说过“微信之父”是张小龙。可有没有想过，为什么是张小龙的微信获得如此巨大的成功呢？早在 1997 年，张小龙凭借一己之力打造出非常成功的电子邮箱产品 Foxmail。电子邮箱和微信在形态上截然不同，但电子邮箱和微信满足的都是沟通和通信的需求。张小龙对沟通及通信类产品的研究是非常深入的，只要你知道他的经历，对他能打造出如此优秀的微信就不足为奇了。这就是从满足同类需求带来的认知一致性。

木木长相甜美，在私域流量里将自己定位为美妆达人，深得粉丝好友的喜爱。但在公域流量里，美妆达人举不胜举，仅仅口红这一极其细分的品类就有超级网红李佳琦。并且，绝大多数网红都是被机构签约了，采用公司化运作的形式。木木还以美妆品类作为自己的定位，希望渺茫。

那木木如何做才有机会？实际上，她可以深度思考化妆品满足的是女性什么样的需求。化妆品可以让自己变得漂亮，深层次满足的是改变自我和展现美好的需要。那木木就可以跳出美妆这个品类定势，从改变自我或者展现美好的角度去寻找新的方向。例如，“表情管理”方向，看似与美妆并无关系，本质上却与美妆一样，满足了人们想要把更自信的自己带给他人的需求，而且都聚焦在脸部。

从满足同类需求的角度延伸定位，可以帮助你避开竞争红海，找到公域流量蓝海里的小 IP 定位。

方式三：定位聚焦在更细分的领域

公域流量的定位，你需要缩小领域范围，聚焦更细分的领域。在广阔的公域流量中，越聚焦越有生命力。回忆一下那些自诩为美妆达人的网红吧，你能记住谁呢？李佳琦多年聚焦在口红这么小的一个品类里，加上天时地利人和，才有这样的影响力；李子柒聚焦在闲云野鹤般的生活里，集合全公司之资源，才有这样的影响力；樊登聚焦在读书音频里，加上投资机构的资本，才有这样的影响力。就单打独斗的你而言，是不是更应该聚焦在细分领域里？

寻找更聚焦的定位，比较简便的方式，就是通过电商平台，去找到更细分的类目。例如，你想聚焦在服装领域，那你可以打开淘宝网，点击服装类目，然后再找到女装类目。而女装又可以细分为旗袍、半身裙、汉服、卫衣、时尚套装等几十个细分。我们没有机会成为女装服饰搭配的达人，但你或许可以成为最懂旗袍搭配的人，或许可以成为最懂汉服的人，或许甚至可以成为最懂 vintage 古装风的人。

同样，还有在本章第二节提到的新品类带来的机会，都可以成为你在公域流量中的定位来源。

迈向公域的桥梁：基于微信的直播

从以微信为代表的私域进入公域，最好的桥梁就是基于微信的直播。现在直播已经成为各类平台的标配，是引流和转换的重要方式。而直播能力，也将成为我们必备的能力。

作为私域流量的小 IP 们，想要进入公域流量平台，我的建议是要先玩转微信直播。这不是为了追赶潮流，而是循序渐进的最好方式。倘若你直接进入公域流量平台，例如抖音，你在初期直播时面临最尴尬的问题，就是你在直播时没有观众。想象一下，你兴致勃勃地对着手机，讲着自认为不错的干货，结果直播间零零散散只有那么几个进进出出的路人，甚至空无一人，这种感觉该有多难受。而全场都在自言自语尬聊的情形，是新主播基本都要面对的问题。

更为重要的是，由于你缺乏直播经验，又没有观众告诉你不足之处，导致每次直播效果无法度量，你也不知道应该如何提升自己的直播能力。这样日复一日的直播行为，无异于浪费时间。并且，你还会浪费平台给新号专属的扶持流量。过了新号的扶持期，你的公域流量之路将更困难。

因此，在进入公域流量之前，你更应该熟悉甚至精通基于微信的直播。对于私域流量的小 IP 们来说，微信生态轻车熟路，从宣传自己的直播海报，到在私域社群里直播预热，样样都得心应手。直播对象又是自己的社群成员，你直播的内容是彼此熟悉的，你与他们的互动是自然的，你的风格是他们喜欢的，这会给你的直播带来极大的信心。你的不足也会得到及时反馈，帮助你快速成长。

值得注意的是，一些虽然在微信上可以使用的直播工具，并不是真正意义上的基于私域流量的直播工具。星小悦是比较早尝试微信直播的私域流量小 IP，我无意中刷到她在朋友圈的宣传海报，就进入了她的直播间。她“看到”我的第一反应是：“黑捕老师，你来了，搞得我有点紧张。”我回复说：“放轻松，你继续。”然而，我很快就看不下去了。并不是她播得不好，而是由于实在是太卡了，导致她说话一顿一顿的，自然看不下去。

我退出了星小悦的直播间，想不到没一会儿，她就来私信我了：“黑捕老师，求助求助！”“怎么了？你直播好了？”“刚不知道谁把我的直播链接转发到了我完全不认识的微信群里，我不愿意给那些人分享我今天的内容。怎么办？”

实际上，我在开设基于微信的付费直播时，也碰到过同样的问题。我把买了课程的人集中在一个私域社群里，和星小悦一样，我的直播必须“指定社群可看”，毕竟微信社群是我们最重要的私域，倘若直播内容可以被外界随意看到，这就毫无私域可言了。例如，“无敌主播”微信小程序就包含“指定社群可看”功能。这才是真正意义上的基于私域流量的直播。

包含“指定社群可看”功能的“无敌主播”微信小程序

公域流量世界不要迷失自己

公域的世界，真的是龙蛇混杂。你会见到各式各样的定位，每种定位都存在极高粉丝量的网红大号。你会见到搞笑内容的号或者剧情内容的号涨粉都非常快；你还会听到，最近平台会倾向于某一种特定内容例如知识内容这样的号。**在这样的世界里，不迷失就是成功**。

请你千万不要动摇，要牢记，你是深度学习过小 IP 定位的人，你是私域流量中名副其实的小 IP。无论在哪，你提炼出的真实的自己，才是引流和转换的根本。

5.5　企业化视野：小 IP 员工矩阵

Jenney 是某童装品牌（隐去真实品牌名）的创始人，她的童装设计新颖、做工精细，深受二、三线城市宝妈的喜欢。虽然淘宝、京东等电商渠道是她最主要的销量来源，不过在一年前，Jenney 就开始规划给自己的童装品牌打造私域流量池。

在这一年里，Jenney 聘请了三位员工借助微信个人号专职打造私域流量池。通过短信、随包裹卡片的形式邀请顾客成为员工运营的微信好友。每个微信号有完整的宝妈人设，包括年龄、兴趣、所在城市、工作类型、孩子情况等。按理说，如此看过去像模像样地打造私域流量的做法，似乎也是业内的通用做法，应该销售效果不错。实际上却收效甚微，一度让 Jenney 产生了裁员撤岗的想法。

Jenney 的此类情况，在打造私域流量的企业里尤为常见。同样，绝大多数采用这种方式打造私域流量的企业均以失败告终。因为这种看似常态的运营方式有两个隐形的陷阱。

隐形陷阱 1：看似完整的人设，实际上是虚构的人物。在私域流量里，粉丝好友可以快速感受到虚构人物的不真实，从而虚构人设将会快速崩塌，毫无影响力而言。此时员工运营的微信个人号，就像皇帝的新衣一般。员工每天辛辛苦苦地自嗨，粉丝好友却在旁边看戏，三五天后连看戏的兴致也消失了，将会完全屏蔽这个微信号。

隐形陷阱 2：员工的积极性难以保证。虽然企业会出台考核制度，员工也有自己的职业准则，但从人性的角度考虑，又有谁愿意充当一个虚拟的人设在工作呢？这就像每天上班的时候，要戴上一个面具，模仿面具角色的说话方式，思考面具角色的生活环境，担忧面具角色与自我习惯的冲突。这些问题已无关乎职业素材，而是人性层面的挑战。更何况，下班之后呢？从社群管理的需要上，员工还是要维护社群的，但员工的生活怎么办？随时在自我与人设之间自由切换是极其困难的事情。

小 IP 员工

不可否认，私域流量正在对企业管理提出新的挑战。现有的“赋权管理”在打造私域流量上是存在瓶颈的。对于私域流量里的粉丝好友而言，企业内部的“权”与他们并没有关系。在私域社群里，公司运营总监发表的话题，就会比普通员工来得更受欢迎吗？未必。在私域社群里，公司运营总监的头衔带来的影响力甚至可以忽略不计。

企业运营岗的传统晋升通道常见的是普通员工、运营经理、运营总监、首席运营官。目前绝大多数企业的私域流量，是交予普通员工运营的。而普通员工的职业目标是成为运营经理，运营私域社群只是他实现岗位晋升、工资翻倍的工具而已。那他们就会急于求成，想方设法要求公司给予促销上的支持，像打鸡血一样通过促销带动社群业绩，以此实现自己的业绩目标，达到升职加薪的目的。这样的后果是严重的，每一个私域社群，不久就会沦为促销的鸡血群，有促销时才会活跃一下。而且，社群成员对促销力度的要求会越来越高，导致私域流量的运营陷入了死循环。这些私域社群也仅仅成为了促销曝光的低价值流量池而已。

要运营好私域流量，避开私域流量的陷阱，企业需要打造“赋能管理”模式。通过激发员工自身的能力，制造宽松的土壤环境，赋予能量，帮助其成长。**在“赋能管理”模式里，运营岗的晋升通道变为：从普通员工到小 IP 员工。**

顾名思义，小 IP 员工是指：以提炼自我为核心，通过打造小 IP 获得自身在企业顾客中的影响力，从而带动私域流量业绩增长的员工。简要地说，**小 IP 员工就是赋能员工成为小 IP。**

小 IP 员工是企业打造私域流量的新型模式，可以帮助企业合理地避开隐形的陷阱。我们知道，私域流量里的小 IP 具有影响力的前提，是提炼展示出真实的自己。同样，小 IP 员工在粉丝顾客中，展示的也是真实的自己，而不是虚假的人设。这就很好地避开了虚假人设崩塌的陷阱。其次，小 IP 员工运营的微信号虽然归属于企业，但运营的毕竟是自己的小 IP，在能动性和责任心上都会积极很多。

打造小 IP 员工也是我建议 Jenney 优化私域流量运营方式的解决方案。在深入了解后，我发现，在 Jenney 公司运营私域流量的三名员工中，相对比较有积极性的员工洋洋，实际上是 1998 年出生的，服装设计专业毕业刚满一年。她这样的背景运营宝妈的人设，难度可想而知。但借助小 IP 定位的兴趣爱好定位法，“童装搭配师”自然就成了喜欢服装搭配的洋洋的小 IP 定位。

以“童装搭配师”的小 IP 定位帮助公司运营私域流量，对洋洋来说，无异于是一种解脱与新生。她在与我的沟通中显得特别兴奋，字里行间我都能体会到她的激情。洋洋偷偷告诉我说：“其实之前已经准备要离职了。因为之前的私域流量运营工作实在是太痛苦了。现在感觉自己格外有价值感。”这种来自提炼自我的价值感，是新一代年轻人苦苦追寻的。公司可以满足它，就可以带来巨大的能动性。

私域社群里的微信顾客，同样因为“童装搭配师”的到来而感到兴奋。原本她们在 Jenney 社群里的目的，只是在特别实惠的促销时购买一两件衣服，而现在她们充分感受到了这个社群的价值：可以帮助她们提升孩子服装的搭配水平。并且，这些微信顾客在学习搭配后，不再关注在低价折扣商品上了，而是从给孩子搭配出更适合的风格角度购买衣服。价格已经不是她们考虑的第一因素。高价值私域流量的运营效果，也逐渐体现了出来。

作为管理层，Jenney 问了我一个问题："小 IP 员工离职怎么办？"我相信这是管理层都会考虑的问题，也是一些管理层举步不前的原因。

实际上，小 IP 员工忠诚度要远高于一般员工，哪怕小 IP 员工离职了，对公司造成的负面影响也极低。这是由小 IP 依附于平台的重要特性决定的。也就是说，小 IP 员工并没有跨公司影响力。一旦离开现有公司，他在新公司微信顾客心中的影响力需要重新建立。并且，小 IP 员工的影响力基本上也无法带走现有公司的粉丝顾客。从人性角度考虑，小 IP 员工将会更愿意在现有公司工作，不断提升自己的小 IP 影响力，提高私域流量转化率和客单价，实现自我价值的同时增加收入。

小 IP 员工矩阵

打造小 IP 员工矩阵，是企业获得稳定高价值私域流量的有效方式。企业打造小 IP 员工矩阵的方式，与领袖定位的小 IP 打造社群团队的小 IP 矩阵有些相似，但企业更为高效，更为严谨。**一般来说，企业打造小 IP 员工矩阵由以下四个步骤完成：一、制定小 IP 员工矩阵方案；二、招聘小 IP 员工；三、搭建企业私域流量工具；四、升级运营部门组织架构。**

企业打造小IP员工矩阵的四个步骤

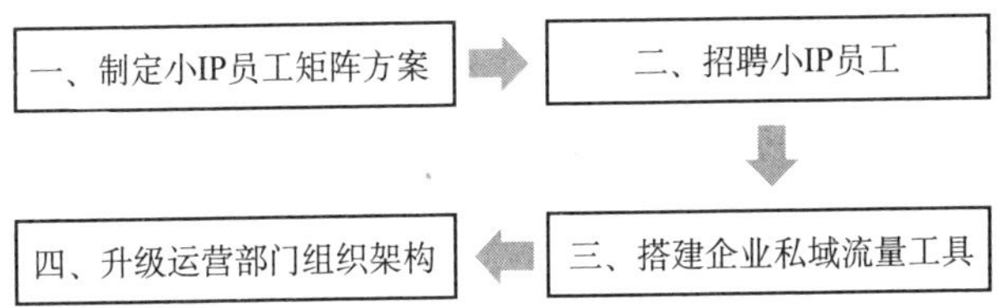

在这里，我主要以 Jenney 的童装品牌公司的小 IP 员工矩阵方案的形式，来体现小 IP 员工矩阵的整体运营。

Jenney 的童装品牌公司的小 IP 员工矩阵简案

目标：通过打造小 IP 员工矩阵，运营企业私域流量池矩阵，提升顾客粉丝的客单价和复购率，刺激顾客粉丝裂变传播企业品牌。

1. 根据企业品牌定位制定小 IP 员工矩阵方向

品牌定位决定了小 IP 员工矩阵的方向。Jenney 的童装品牌定位是针对 3 至 12 岁儿童的休闲时尚品牌。在强调舒适的同时，让孩子更时尚。主要顾客群体以在二、三线城市的工薪族为主，消费能力适中。所以，Jenney 的小 IP 员工矩阵整体定位方向，就是围绕 3～12 岁宝妈群体的购衣需求，从休闲生活、时尚搭配的方向搭建小 IP 员工矩阵。

2. 小 IP 员工定位矩阵

根据小 IP 员工矩阵框架，Jenney 公司的小 IP 员工们主要聚焦在“儿童时尚搭配师”与“家庭收纳达人”两种定位上。

儿童时尚搭配师，主要是给宝妈顾客们分享儿童时尚搭配方式，并不仅仅局限在自己的品牌产品。例如，Jenney 的客户群体更关心孩子身体长得快导致衣服很快就不能穿的问题。儿童时尚搭配师会给出专业的“大一码穿法”系列教程来帮助客户群体解决这个烦恼。

家庭收纳达人，则会从家庭衣物的收纳与保管的角度出发，带给宝妈一些有效且有趣的收纳方式、叠衣技巧及一些常见的生活窍门。相比儿童时尚搭配师的直接带货，家庭收纳达人则更侧重传播公司品牌理念。

按照目前 Jenney 的企业规模，需要两位儿童时尚搭配师，一位家庭收纳达人。重新审视目前三位私域流量运营人员的背景，发现只有洋洋通过培训，提炼自我，可以成为儿童时尚搭配师。其他两位都是侧重于电商运营的男生，不适合升级为小 IP 员工。公司通过内部转岗或者重新招聘的方式，填补空缺。

3. 企业级私域流量工具的选择

在以往，公司化运营私域流量，都是采用个人微信号的形式，通过公司批量采购手机号，申请微信个人号的形式运营。由于目前企业微信功能日益强大，粉丝顾客统一管理，尤其是近期开放了企业微信员工号的朋友圈功能，让企业微信打造企业级私域流量成为可能。因此，建议 Jenney 的公司采用企业微信运营普通粉丝顾客的私域流量。

而对于一些高价值粉丝顾客，需要以微信个人号的形式深度维护。企业微信毕竟带有一些官方色彩，这种官方色彩会带来一定的距离感。对于 Jenney 公司的高价值粉丝顾客，则需要以微信个人号来深度运营，拉近彼此之间的距离。

4. 升级运营部门组织构架

打造小 IP 员工矩阵，需要从公司层面给小 IP 员工赋能。这种赋能包括两方面：一是小 IP 员工的专业培训，二是持续内容输出的支撑部门。

一般来说，在初期，员工要升级为小 IP 员工，需要在定位相关的领域定期学习。企业需要安排资源，帮助其快速成长。例如，Jenney 需要安排一些关于服装搭配的知识内容给到“儿童时尚搭配师”，安排类似日本收纳理念的知识内容给到“家庭收纳达人”。甚至可以鼓励她们考取证书，来增加自己小 IP 的信用背书。

私域流量的打造，离不开每天的内容素材输出。这些内容，有小 IP 员工根据自身定位整理的部分，也有其他同事支撑制作的部分。例如，公司运营活动的海报，限时促销的海报，天猫顾客的好评反馈，等等。每天持续输出符合定位的内容，才能持续提升私域流量的价值。Jenney 目前的公司规模，可以以其他岗位同事配合为主。如果小 IP 员工矩阵包含 10 名以上的小 IP 员工，那就需要设立专门的内容输出部门做支撑了。

Jenney 的小 IP 员工矩阵，在保持原有业务体系完整性的基础上，小步迭代私域流量的运营方式，大大健全了自身的流量体系，试错风险极低，投资回报高，简明易行。

写在最后

人生的意义在于实现自我价值。无论是打造私域流量的小IP，还是公司体系内的小IP员工，都是最大化实现自我价值的方式。

经济上的收入可能起起伏伏，唯有你的小IP定位是最稳定的“货币”。无论你的喜好、才情、天赋交织在一起有多么复杂，只要遵循本书寻找定位的方式，就可以找到你专属的那个交汇点。它为你赢得自尊，获得安宁，并带来丰厚的回报。

我近期做的事儿：捕捕研习社

这个世界变化确实挺快的，导致的直接结果就是群体性焦虑。焦虑成为常态，这就是为什么有些我们看过去比较空洞的社群组织，却裂变得很快。她们用社群的相互鼓励形式，去缓解迷茫女性的焦虑。“群体性鼓励”成为一种商品。

显然，我身边群体的焦虑是“群体性鼓励”满足不了的。喜欢鸡血鸡汤的人，必然也不在我的圈子里。我觉得身边无论是创业者、大V、私域电商团队长、各类社群主，有一个共性的需求叫“感知”。

捕捕研习社，就是一个高价值私域社群主相互“感知”的圈子。

可能有人会说，圈子不是关注成长或者资源互换吗？

作为对儿童教育有一定研究的我来说，用老生常谈的一句话“父母是孩子最好的老师”来解释成长。如果你觉得土，我就换个词：“原生家庭”。本质就一个意思，你在感知你身边人的同时，也被时刻影响着。换一个主动的语态，你想在一个领域有所成长，就去感知这个领域里卓越的人。

因此，最好的成长就是感知具有代表性的人，而不是看他的一次分享，听他的一次课程。例如你在视频里听马云说一段话，与在他旁边听他说同样一段话，感知是截然不同的。就像捕捕研习社的联合发起人嘉倩，她的朋友圈打造课程非常不错，你可以听她的课程，但远没有你成为她微信好友，看看她每天发的朋友圈对你帮助大。

想成长，你需要和不同维度的人去感知，人海茫茫，关注私域就是你们的共性。

而关于资源互换，我最想说的几句话是：资源互换的前提不是金钱等价，而是相互认同。当年泛社交接触了大量的人，号称自己有资源的人太多了。真的假的，虚的实的。甚至有些人，天天讲着自己虚构的资源，结果自己也信了。

相互认同的前提是彼此感知。我也碰到过一上来就直接谈合作的，微信都没加，就要谈深度合作。其结果不了了之是必然的。就算大家都在自己的私域很厉害，但跨出所属私域的时候，每个人都是小白。我常举的一个例子就是，哪怕是商业巨头的大佬，刚开始玩王者荣耀时，被理发店的小哥调教再正常不过了。

加入捕捕研习社，与高价值私域社群主们相互“感知”。

众多知名大咖深度推荐捕捕研习社，扫码看看都有哪些名人。